ZHENGDAOCANGSANG

SHEHUIZHUYI WUBAINIAN

正道沧桑

社会主义五百年

崔耀中◎编著

新华出版社

图书在版编目（CIP）数据

正道沧桑：社会主义五百年 / 崔耀中编著.
－－ 北京：新华出版社，2022.3（2025.2重印）
ISBN 978-7-5166-6206-9

Ⅰ.①正… Ⅱ.①崔… Ⅲ.①社会主义－政治思想史
Ⅳ.①D091.6

中国版本图书馆CIP数据核字（2022）第034843号

正道沧桑：社会主义五百年

编　　著：崔耀中

责任编辑：齐泓鑫　　　　　　　　封面设计：刘宝龙

出版发行：新华出版社
地　　址：北京石景山区京原路8号　　　邮　　编：100040
网　　址：http://www.xinhuapub.com
经　　销：新华书店、新华出版社天猫旗舰店、京东旗舰店及各大网店
购书热线：010－63077122　　　中国新闻书店购书热线：010－63072012

照　　排：六合方圆
印　　刷：大厂回族自治县众邦印务有限公司

成品尺寸：170mm×240mm
印　　张：17.5　　　　　　　　　字　　数：210千字
版　　次：2022年3月第一版　　　印　　次：2025年2月第四次印刷

书　　号：ISBN 978-7-5166-6206-9
定　　价：69.00元

《正道沧桑》编辑委员会

代 序

2013 年 1 月 5 日，新进中央委员会委员、候补委员学习贯彻党的十八大精神研讨班在中央党校开班，习近平总书记在开班式上发表重要讲话，其中就社会主义 500 年从空想到科学、从理论到实践、从一国成功到多国胜利的发展历程做了深刻阐述。中共北京市委宣传部、市委讲师团、首都文明办为了使党员干部在党的群众路线教育实践活动中认真学好社会主义发展历史，组织专家学者、媒体记者、机关干部和北京电视台在已有研究成果的基础上进行了集体创作，采取相关专家撰写理论文本，媒体记者、机关干部在理论文本的基础上撰写故事脚本，最后由北京电视台制作团队撰写电视拍摄台本的形式进行创作。

社会主义 500 年发展历程波澜壮阔，历史事件和历史人物众多，如何使读者和观众在较短的篇幅和时间里把握社会主义 500 年的发展轨迹和历史转折，我们要求在撰写理论文本时把握重点、要点和知识点。在撰写文学脚本时，为了突出故事性和形象化，做到每一集都有悬念、有故事、有人物、有情节、有细节、有情感，努力探索科学理论大众化、通俗化、形象化的实现路径，结合搜集的丰富视频资料，拍摄制作了从1516年托马斯莫尔撰写空想社会主义思潮的代表作《乌托邦》到中共十八大的跨越500年历史长河的电视理论片。

为了增强理论权威性、准确性、知识性，电视片每一集都请著名专家学者出镜进行理论阐释。原中央党史研究室、原中央文献研究室、中国社科院、首都重点高校和科研机构的专家学者对此作品给予大力支持和审查把关，使该作品成为一部集思想性、理论性、知识性、权威性和故事性、形象性、生动性于一体的电视理论片。

该片先后在北京电视台、中央电视台及各地方卫视频道播出后引起很大反响，网上播放量达3亿多次，电视收视率也创下当时电视理论片的新高。该作品同步结集出版后发行量达到数十万册，当年获得中国好书奖，成为党的群众路线教育实践活动中的经典理论视听教材，后来也陆续成为高校思政课的视频教材。

我当时作为北京市委宣传部分管理论工作的副部长，主持了该作品的策划、组织及撰写，并担任策划、主编和总撰稿，总体负责该作品的文字和电视片的创意、创作工作。我带领专家团队、媒体记者及机关干部团队和电视片制作团队，协调三支队伍相互融合、相互配合、相互激励，在总体框架确定后，采取了专人对接、流水作业的形式，每一集理论文本完成后，马上就有专人改编成故事脚本，每一集故事脚本完成后，马上就有专人改编成电视拍摄台本，每一集电视台本完成后立刻有专人拍摄及后期制作，电视片完成后立刻组织专家审看，根据专家审看意见修改后马上安排播出。有这样一组数字：我们50人的创作团队，用了50天时间，完成了《正道沧桑——社会主义五百年》电视理论片的重大政治任务。

2021年是中国共产党建党100周年，根据新华出版社社长梁相斌同志和有关专家的建议，我又组织专家对该作品进行了续写，即十八大以来党和国家坚定不移的走中国特色社会主义道路取得的重大成就、应对的重大挑战，开拓的崭新局面，进行了重点概括，增加了3章的篇幅，由原50章扩展为53章。由新华出版社出版发行。

我们的意图很明显，就是广泛传播社会主义诞生发展500多年来空想社会主义者的舍身求道、科学社会主义的信仰丰碑、《共产党宣言》的横空出世、巴黎公社的铁血风暴、阿芙乐尔号的炮声昭示、多国迈向社会主义的嘹亮号角、中国共产党的艰辛探索、苏东巨变的挫折教训、中国特色社会主义的崭新天地，进一步坚定党员干部群众对共产主义的崇高信仰和对中国特色社会主义的如磐信念。认真总结汲取中国共产党建党百年的宝贵历史经验，弘扬伟大的建党精神，为实现中华民族的伟大复兴，凝聚成不可阻挡的磅礴力量。

2021年10月，党的十九届六中全会审议通过了《中共中央关于党的百年奋斗重大成就和历史经验的决议》。我们党的百年历史，就是一部始终坚持真理、坚守理想，践行初心、担当使命的伟大奋斗史。在科学社会主义的历史进程中写下了浓墨重彩的一笔。世界上没有哪个政党像中国共产党这样，遭遇如此多的曲折和磨难，经受如此多的艰险和考验，作出如此大的牺牲和奉献，却初心不改、矢志不移。党的百年历史充分证明，一个政党有了远大的理想追求和笃定的初心使命，就能不断强大，做到无坚不摧、无往不胜；我们每一名党员干部需要从党的一百年历史和社会主义五百年历史中不断汲取营养、智慧、力量、底气和动力，明确共产党是什么、干什么，明确共产党员从哪里来、到哪里去，明确人的高尚的追求是人生的最高价值，从而自觉地为实现中华民族伟大复兴和人类社会的美好未来接续奋斗、永不停歇！

崔耀中

2022 年 2 月

目 录
CONTENTS

第一章
乌托邦岛

大约在 500 年前，有一位水手扬帆出海，去寻找一座传说中的岛屿。他听说，在那个两头窄、中间宽的新月形海岛上，全部财富为大家共有，没有私有财产，金钱在那里失去了意义，也没有堕落和罪恶。这位水手找了三天三夜，差点儿被巨浪吞没，最终也没能找到这座海岛。

在人类智慧和思想的海洋上，有许多哲人像这位水手一样扬帆起航，从古希腊柏拉图的《理想国》，到中国诗人陶渊明的《桃花源记》，无不在苦苦找寻着人类的完美世界。那位水手所寻找的海岛，名叫乌托邦，1516 年它出现在一本名叫《乌托邦》的书中。水手之所以相信了这篇虚构的游记，可能是因为他不懂希腊文，在希腊文里，"乌托邦"是指一个子虚乌有的地方。这本书的作者是托马斯·莫尔。

1478 年，莫尔出生在英国伦敦一个贵族家庭。14 岁时，莫尔来到牛津大学深造。当时的牛津大学，是文艺复兴时期人文主义的传播中心。

那个时代，麦哲伦和他的船队刚刚用帆船证明了地球是圆的，哥白尼正在书斋中论证太阳是宇宙的中心，达·芬奇、拉斐尔和米开朗基罗同时在世，人的肉体的热量和活力正从神祇的禁锢中释放出来。

莫尔如饥似渴地阅读人文主义著作和古典作家的作品，他最喜爱的就是柏拉图的《理想国》。很快，年轻的莫尔成长为一位出色的律师和国会议员，因为他刚直不阿、主持正义，无权无势的平民遇人欺负，都爱找莫尔律师。

在为平民打官司的过程中，莫尔敏锐地觉察到一种前所未见的压迫。这种压迫来势汹汹，虽然与温驯的绵羊有关，却格外暴虐蛮横……

英国著名港口朴次茅斯，1485年，英国国王亨利七世在这里建造了英国的第一个千船坞。地理大发现所带来的新航道、新陆地和新市场，催生了新兴资产阶级，也催生了他们殖民贸易与市场扩张的贪婪欲望。

也就是从这时起，人们注意到两个以"s"打头的英文字母成了英国历史中的关键词。一个是ship，就是"船只"；另一个是sheep，就是"羊"。

羊毛，是英国那时的特产。随着国际贸易的不断扩大，英国羊毛制品的出口销路极好。英国的商业资本开始活跃起来，大贵族、大商人为了获取更多的利润和财富，把耕地一片接一片地圈起来，变作养羊的牧场。很快，在英国到处可以看到被木栅栏、篱笆、沟渠和围墙分成一块块的草地。成千上万的农民被暴力赶出自己的家园，他们四处流浪，要么饿死，要么成了盗匪或乞丐，更多的人沦为一无所有的无产者。这就是英国历史上有名的"圈地运动"。

"绵羊本来是那么驯服，吃一点点就满足，现在据说变得很贪婪很凶蛮，甚至要把人吃掉！"这是莫尔在《乌托邦》中写下的一段话。"羊吃人"由此而来。马克思指出，"圈地运动"是"用血与火的文字载入人类编年史的"。

莫尔开始寻找社会罪恶的根源，但他暂时还找不出答案。莫尔决心通过法律手段约束国王的权力，在国会大厅向旧制度开火，保护平民的利益。在一次国会会议上，莫尔挺身而出，带领其他议员否决了国王亨利七世提出的一项增税法案。亨利七世恼羞成怒，逼迫莫尔退出国会。

莫尔从政治舞台上暂时隐退了，之后他博览群书，潜心研究自然科学和人文科学。后来，莫尔从各种描写美洲新大陆的游记中发现，尚处于原始公社阶段的美洲印第安人那种共同拥有生产资料、共同劳动、平均分配生活资料的情景，正是他所向往的。他相信自己发现了人类社会的奥秘：许多社会问题产生的根源是人类的私有制度。

当时意大利著名航海家阿美利加的游记正风靡整个欧洲，阿美利加在游记中说，他在巴西南纬 180 度的地方，留下了 24 个人，在那里永远安家落户。莫尔就假借这 24 个人中的一位航海家，假托一个叫作"乌托邦"的海岛，讲述了他心目中的理想国。

《乌托邦》这本书分为两个部分，在第一部分里，莫尔借航海家之口断言，私有制是万恶的根源，如果私有制度仍然保留下来，那么，大多数人类，包括最优秀的人类，会永远被压在痛苦难逃的悲惨重负之下。

书的第二部分，他描绘了乌托邦这个与世隔绝的幸福海岛：财产公有是乌托邦的最大特点，物资取之不尽，家家户户可以免费领取所需要的东西，不受数量限制，却从来没人多领。

在乌托邦，所有的人都要参加劳动，并要学会至少一门手艺。每个城里人都先要去农村至少住满两年，以种田为业。

这里实行每天 6 小时工作制，工作要服从社会需要。人们一起吃食堂。小孩必须上学接受知识与品德教育。

在乌托邦，人与人之间没有贫富差距，大家都鄙视金银，金银被用来做马桶与罪犯身上的枷锁。岛上人人平等，住房每十年抽签调换一次，人人自由进出。

专家观点⊙

他们当时反对私有制，提出财产公有，不叫公有制。财产公有既包括生产资料，也包括消费资料。它对私有制来说，是一个否定，是一个进步。但是它并不科学，因为生活资料不可能公有。

——中共中央党校教授赵曜

英国国家博物馆的图书馆里收藏着莫尔的《乌托邦》第一版，目前世界上仅存五部。1516年，《乌托邦》带着墨香在比利时的卢万城问世了。《乌托邦》亦真亦幻的风格，立刻风靡一时。有的人甚至能把全书的内容背下来。

1534年，莫尔因反对国王亨利八世成为英国最高宗教领袖而被捕入狱，临刑前，莫尔与前来规劝他的诺福克有过一段精彩的对话。诺福克说："在英国，谁不服从国王，就没有好结果，我怕你要付出很高的代价。"莫尔回答："我已经再三考虑了，自由的代价的确很高，但是，我不能违背自己的良心。"不久，莫尔被处死。

《乌托邦》出版380年后的1896年，严复在《天演论》中首次将"乌托邦"一词翻译成中文，并说："如是之国，古今之世，所未有也。"严复首创的汉译"乌托邦"一词，是音译与意译奇妙结合的典范。从那时起，"乌托邦"开始被古老的东方社会所注视。

专家观点⊙

空想社会主义学说，以《乌托邦》这部开山之作为标志，到今天已有500多年的历史。莫尔引发的空想社会主义思潮，对后世产生了广泛而深刻的影响。《乌托邦》诞生后的近 5 个世纪里，已经成为"完美、空想、追求"的代名词。正因为有了《乌托邦》，才有了后来活跃在欧洲、美洲的空想社会主义者。

——北京大学教授闫志民

第二章
太阳之城

1600 年初春，一位 32 岁的青年在意大利那不勒斯监狱里听到了布鲁诺被处以火刑的消息。对于布鲁诺的事业，他并不陌生。他们都是教士，却都被教会视为异教徒和叛逆者，他们都渴望自由，却都被宗教裁判所长期囚禁和刑讯，他们都崇拜太阳，因为太阳是他们心中的光明和希望。所不同的是，布鲁诺死了，而他，还活着。

托马斯·康帕内拉出生在阳光充足的意大利南部，但是从 25 岁开始，他便基本与阳光无缘，辗转于 50 余所监狱，时间长达 30 多年。在长年黑暗的囚禁和酷刑的折磨中，阳光对于康帕内拉来说，几乎成了奢侈品。也许，正因如此，康帕内拉将在狱中写完的乌托邦式的著作取名为《太阳城》。

康帕内挂的字意为"鸣钟"，也许是巧合，他的名字暗合了他一生的使命。16 世纪晚期的意大利，处于宗教裁判所管制的重灾区，自由思想受到禁锢。尽管如此，康帕内拉所敲响的钟声，总是能与那个时代的杰出人物产生共鸣。伽利略用自由落体实验推翻了亚里士多德的权威学说；画家卡拉瓦乔则坚持将流浪汉、渔夫和农民引入神圣的教堂……这些对时代抱有怀疑和批判精神的自由思想者，往往被视为异端邪说。

1585 年的一个下午，在意大利南部科森萨市大教堂里，年仅 17

岁的康帕内拉与一位教士进行了激烈辩论。

教士断言，教会的经典著作里绝不会产生谬误。而康帕内拉反唇相讥：这么说，经书里曾经否定新大陆的存在，就能说哥伦布没有发现新大陆吗？台下顿时一片哗然。

这种言论，当时分明已经是异端邪说。当场，一位老人感叹道："这个青年一定会成为伟大的学者。"随即又补上了一句："如果不是很快被处以火刑的话。"前一句预言，已经被历史所证实，而后一句，则险些成为康帕内拉一生的谶语。

康帕内拉在21岁的时候完成了他的第一部哲学著作《感冒哲学》，他反对权威崇拜，断言真正的权威是自然。从24岁开始，他因发表反宗教著作而3次被捕，先后坐牢6年，1597年12月才获释。

在康帕内拉眼中，意大利是一个罪恶的国度。在那不勒斯这个仅有7万人口的城市里，只有1万—1.5万人从事劳动。劳动者由于过度和不间断的劳动，以致缩短了寿命。而那些游手好闲之人，却终日无所事事，随处可见惊人的奢侈淫逸、高利贷盘剥。

1527年，也就是康帕内拉出生之前的41年，神圣罗马帝国和西班牙军队洗劫了罗马，造成重大损失。当时只是一个地理名词的意大利处于西班牙与教会的双重黑暗统治之下。康帕内拉生活的年代正好处于这个时期。《太阳城》是对光明的呼唤，是对一个新世界的呼唤。

康帕内拉刚刚获释两年，就开始组织一场反对西班牙哈布斯堡王朝的起义。因叛徒告密，康帕内拉在意大利南部被捕，他被西班牙士兵五花大绑地驮在骡马上，关进海滨的一座监狱里。从此，他开始了漫长的牢狱生涯。

思想者的理想动力，恰恰来自挣脱黑暗的强烈渴望。透过监狱的铁窗和火刑堆的烟雾，康帕内拉看到了新时代的曙光。康帕内拉把囚禁他的监狱比作高加索山，把自己比作盗走神火的普罗米修斯。他要用太阳的火，烧掉人世间的一切罪孽和丑恶。他满怀激情地去描述一个没有私有财产和私有观念、没有压迫和剥削、人人过着幸福生活的光明国度——太阳城。

《太阳城》的故事来自于一位寺院招待所的护理员和一位热那亚的航海者的对话。全篇起始于护理员的一个问题："请告诉我这次航海您所遇到的一切，可以吗？"

在航海者的记忆中，他在赤道附近被土著人引领着来到太阳城。康帕内拉书中的太阳城位于广阔平原的一座小山上，直径为2英里多，圆周为7英里。整个城以山顶为圆心，一圈一圈地向山脚延伸，共有7圈。在这个城邦里，到处是巍峨壮丽的宫殿、美轮美奂的教堂、平坦整洁的街道、金碧辉煌的塔楼。

在太阳城的制度设计中，最高统治者是司祭，叫作"太阳"，既是宗教领袖又是世俗领袖，他下面有3位领导人，分别是威力、智慧和爱。"威力"掌握和平与战争事务，"智慧"负责管理艺术家、手工业者和科学家，"爱"掌管生育事务，确保后代成为最优秀的人。

康帕内拉的太阳城分为7层。但丁《神曲》中的炼狱按照基督教7宗罪也分成7层，最上端的伊甸园中有通天之路。

在这7层的设计中，包含着康帕内拉对于人类打破隔阂、走上大同之路的理想。

在这部作品中，我们可以读到这样一句话："太阳城的人民都是富人，但同时又是穷人。他们都是富人，因为大家共有一切；他们都是穷人，因为每个人都没有私有财产；他们使用一切财富，但又不为自己的财富所奴役。"

专家观点 ⊙

康帕内拉和托马斯·莫尔一样，以游记的形式，描述了一个新社会。在这个社会中财产公有、按需分配，没有剥削、没有压迫。他的贡献主要体现在两个方面：第一，提出了彻底废除一切阶级差别，反对等级贵贱的思想。第二，在社会主义思想史上，第一次提出了劳动光荣、劳动有益于身心健康的思想，推进了对社会主义的认识。

——中共中央党校马克思主义理论教研部教授牛先锋

专家观点 ⊙

康帕内拉生活在资本主义发展的萌芽时期，虽然他能够提出对未来社会的某些天才设想，但是他的眼光仍然局限在小生产的水平上，他主张的按需分配还是平均主义的，他设想的未来社会仍具有某种宗教和神秘色彩。尽管如此，太阳城对未来社会的设计是对现实社会针锋相对的批判，是有进步意义的。

——中共中央党校社会主义发展史研究室主任胡振良

与现实针锋相对的理想主义者会付出高昂的代价。在监狱中，康帕内拉经常要忍受各种酷刑，如"蹲鲤鱼坑"等，还多次被投进冰冷刺骨的水牢。有一种名叫"维利亚"的刑罚，是先把犯人吊起来，再一次次将犯人坠落在尖尖的木桩上，康帕内拉曾这样被连续拷打了36个小时。酷刑摧残了他的双腿和双手，死神也一次次和他擦肩而过。他的遭遇得到监狱里一名修女的同情，这个名叫季阿诺拉的善良女孩不时偷偷地为他送来食物、纸、笔和墨水，并帮助他誊写文稿。就这样，康帕内拉以一天几行字的速度，一点一滴地浇筑着只存在于心灵中的光明世界。

　　《太阳城》的手稿最终被康帕内拉的一位友人偷偷带出了监狱。1623 年，拉丁文版的《太阳城》首次在法兰克福问世。《太阳城》问世后的第 5 年，康帕内拉终于走出了牢房，见到了久违的太阳。此时，他已经疾病缠身、老态龙钟了。1639 年 5 月 21 日清晨，康帕内拉在巴黎悄然离世。

　　康帕内拉的一生，都在向黑暗宣战。他在一篇十四行诗中写道："请把高傲、无知和谎言，放在我从太阳那里偷来的烈火中，销毁吧。"

第三章

叛逆贵族

1823 年 3 月，初春刚刚降临法国巴黎。但在一所房子的阁楼上，一名 63 岁的男子却在对社会的绝望和愤怒中，决定结束自己的生命。

一颗子弹击碎了他的眼球，穿颅而过。他挣扎着问随后赶来的医生：如果脑袋里有子弹，我还能思考吗？

高明的医术保住了他的性命。这时他虽已是垂暮之年，但又重新燃起生命之火，顽强地继续着自己的事业，致力于为后世的人们，指出一条自己理想中的道路。

这个人就是克劳德·昂利·圣西门，法国著名的哲学家、经济学家、空想社会主义者。作为"欧洲之父"查理大帝的后代，圣西门出身于贵族家庭。也许正是因为这样的家庭背景，赋予了他高傲、不安于平庸、愤世嫉俗甚至是叛逆的性格。这也使得这位 15 岁就被封为伯爵的贵族，最终在人生的道路上走到了上流社会的对立面，站到了无产者一边。

圣西门生于 1760 年 10 月 17 日。十年之前，欧洲第一次工业革命已经在英格兰中部发出了幼嫩的新芽。而在他出生之后的第四年，瓦特更是把动力更强劲、功率更大的改良蒸汽机带到了人世间。在机械动力与迅速汇集的资本的联合作用下，下层社会的人们不再沉默，发出了变革的呼声。坚固的封建堡垒开始出现裂缝，并被一步一步推向崩溃的边缘。

专家观点 ⊙

在工业机器的轰鸣声中，效率、进步伴随着战争和苦难，资本主义来到人世间。第一次工业革命的到来，提高了社会的生产力，这也呼唤着新的生产关系诞生。后来在北美爆发的独立战争和欧洲的法国大革命，便是其连锁反应的产物。

——中国社会科学院马克思主义研究院教授辛向阳

1775 年 4 月 19 日凌晨，在北美一个叫作莱克星顿的小村庄，一声打破寂静的枪响，奏响了美国独立战争的序曲。

4 年之后，19 岁的圣西门决定加入法国远征军赴美作战，去帮助那些寻求独立解放的人们。他一连参加了 5 次重大战役，因作战英勇，他被华盛顿授予了最高奖赏——辛辛那提勋章。

对于自己在战争中的作用，圣西门曾经这样评价："我可以自称是合众国自由的奠基人之一。"然而，这位合众国自由的奠基人，参战的目的却不仅仅局限于结果。他说："我的天职根本不是当一个军人，我应从事一种完全不同的，甚至可以说是与此截然相反的活动。研究人类理性的进程，以便为将来改进人类的文明而努力。"

回到法国之后，圣西门很快放弃了前途无量的军队职务，开始游历欧洲。

1789 年 7 月 14 日，不堪忍受路易十六王权和重税的巴黎人民拿起了武器，20 万人攻占了象征封建统治的巴士底狱，法国大革命爆发了。

王权被推翻，贵族纷纷外逃。而有着纯正贵族血统的圣西门却在这年的秋天回到了故乡皮卡迪。他积极投入革命运动中，组织人民拥护国民议会，要求废除贵族和僧侣的一切特权，并正式声明放弃自己的伯爵头衔和贵族称号，自封为"公民包诺姆"，意思为"庄稼汉，老百姓"。或许是为确保革命的彻底和纯粹，无论人民选他做市长还是国民近卫队队长，他都一律拒绝。他说，委托过去特权阶层出身的人来担任这种职务是危险的。

然而，这次世界近代史上规模最大、最彻底的资产阶级革命，却并没有像圣西门预想的那样坚决和彻底。在实行了血腥、恐怖的革命措施之后，全国 2/3 以上的土地仍然留在贵族、教会和富裕的上层资产阶级手里。这让圣西门意识到这并不是他渴望的革命。

法国大革命使得启蒙思想家对于新社会自由、平等、博爱的设想化作了屠刀下的血色。圣西门站在 19 世纪的门槛上，展望着这个崭新的世纪，开始批判他所遇到的资本主义。

此时，圣西门已经一文不名，不过动荡之后的法国却出现了难得的商机，他与其他人合作经营房地产，很快成了富甲一方的大富豪。

圣西门决定为"改造人类命运"而工作的时期开始了。他"计划为人类的理性开辟一条新的道路——物理政治学的道路"学习自然知识成了圣西门 40 岁之后的第一要务。为了求学，他多次搬家，四处游历。

圣西门曾经这样说："我是花钱来购买知识的。我设宴款待教授，为他们准备上等美酒，对他们照顾备至，经常对他们解囊相助。这一切使我得到一切可能，愿意学习什么就可以学习到什么。"这种想法使得高傲、叛逆的圣西门在不断获得知识的同时，财富却日益萎缩，最终一贫如洗。

为了生存，他不得不在一家当铺做缮写员，白天工作 9 个多小时，晚上还要在昏暗的烛光下著书立说。在回忆录中他这样写道："我将近 50 岁了，已到风烛残年，但是我才刚刚走上真正的生活道路。"

1802 年，圣西门荡尽家财，在巴黎匿名出版了一部勾画出他世界观轮廓的处女作——《一个日内瓦居民给当代人的信》。

为了让自己的设想得到实现，圣西门曾经写信给法兰西第一帝国皇帝拿破仑，劝他放弃称霸欧洲的计划，和自己一道去建设一个新社会。据说，拿破仑看到这封信时说，写信的人一定是个疯子。圣西门没有认识到，建立"一切人都要劳动"、一切特权都要铲除、人人都将得到幸福的社会，是无法依靠皇帝恩赐的。

没有得到拿破仑的回应，穷困潦倒的圣西门并没有放弃自己的理想。在曾经的仆人迪亚尔的资助下，圣西门将自己的理想继续付诸笔端，陆续出版了《新百科全书》等著作。

但不久迪亚尔离世，圣西门再次流落街头，衣食无着。他曾经这样描述自己的生活："我把一切东西都已经卖光，一直到身上穿的衣服，为的是支付我著作的抄写费。"

巴尔扎克在《人间喜剧》中描写了那个时代的生活："订货停止的时候，工人因饥饿而死亡；即便是在有工可做的时候，他们几乎是半死半活地度日。任何一个苦役犯也比他们幸福。"

恰恰是这段经历，让圣西门从此走上了探索社会主义思想的道路。

1814 年到 1825 年期间，圣西门进入了创作成熟期，连续出版了《论实业制度》《实业家问答》等一系列著作。而他的最后一部著作《新基督教》的问世，则阐明了他努力的最终目标——为了工人阶级的解放。

专家观点 ⊙

圣西门在社会主义思想史上第一次提出所有制是社会的基础；第一次提出社会阶级划分的思想；第一次提出按照才能和贡献进行分配的原则；第一次把"满足人民需要"视为社会主义的终极目的；第一

次用历史的观点论证了社会主义的必然性。他还提出了资本主义只是以新的剥削制度代替旧的剥削制度，在未来社会对人的管理将代之以对物的管理等观点。这些思想对马克思主义创始人产生了巨大的影响。不过，时代以及世界观的局限性，决定了他的方案无法摆脱空想的性质。

——北京市社会科学界联合会研究员马仲良

圣西门在度过近 30 年的艰苦岁月后，由贵族变成战士，由商人变成穷人，由封建社会的叛逆者变成了空想社会主义者，他终于找到了自己真正伟大的事业，这就是为人类的幸福构建一个理论大厦。

1825 年 4 月，在《新基督教》出版的第二天，圣西门病倒了。5 月 19 日，这个因对社会失去信心而自杀过的叛逆贵族，却在生命的最后时刻对未来充满希望。

医生问他："你现在难受吗？"圣西门回答："说这个没意思，让我们谈谈社会主义吧。"圣西门讲了许久，最后抬起手说："我们稳操胜券！"随后死去。

圣西门去了，"社会主义"这个闪光的词却破土而出。19 世纪二三十年代，欧文主义的刊物《合作》和圣西门主义的刊物《环球》，最早使用了"社会主义"一词。后来，"社会主义"一词在欧洲广为流传。

第四章

法郎吉传

　　1827 年，一位老人在报纸上刊登广告，呼吁百万富翁或王公贵族出钱支持他进行"法郎吉"试验，他每天中午 12 点在家中恭候。于是，这位老人每天准时在家里苦苦等待着……

　　这位老人名叫夏尔·傅立叶。什么是"法郎吉"呢？"法郎吉"一词源于希腊语，意思是重型装备的步兵队形。傅立叶要试验的"法郎吉"是军队吗？当然不是。那么，他的"法郎吉"是什么，又要进行一场什么样的试验呢？

　　傅立叶生于法国东部贝桑松的一个富商家庭。20 岁时他秉承父亲的遗愿开始独立经商，在里昂独立经营一家商店，指望从长途贩运咖啡、茶叶和棉花中发一笔大财。

　　但此时正是法国大革命的动荡时期，雅各宾派攻克里昂，他被逮捕。从此，他对革命的态度由冷漠转变为坚决否定。战乱中，他的货物不但被军队没收，他本人也被拉去当兵，险些丧命。

　　大革命的疾风暴雨过去了，傅立叶失去了独立经商的资本。为了谋生，他曾当过非法交易所的经纪人、商店的店员和推销员。长期从商的经历使他对资本主义商业的内幕有了直接的感受和认识。在 18 世纪最后的几年里，许多他亲身经历或目睹的现实，让他百思不得其解。

　　1799 年的一天，老板命令他带人把因等待涨价而腐烂变质的 200

多万公斤大米秘密抛进大海。这件事极大地刺激了傅立叶，因为他知道，当时法国还有800多万人没饭吃。在不得不执行完老板的命令后，他被一种不可名状的负罪感紧紧缠绕着。

作为推销员，他经常出入工厂，这里的工人每天要工作18个小时，工资却少得可怜，仅能维持一家老小半饥半饱的生活。恶劣的居住条件和生活环境，使疾病经常威胁着他们。

正如马克思所说："资本来到世间，从头到脚，每个毛孔都滴着血和肮脏的东西。"资本主义在欧洲迅速发展的时期，资产阶级对劳苦大众进行了残酷掠夺和剥削。法国雨果的《巴黎圣母院》、英国狄更斯的《雾都孤儿》等都描述了社会上层和资产阶级的虚伪、贪婪、凶残，以及下层民众的悲惨处境。

傅立叶不明白，工人们创造了财富，却为什么还生活在这样悲惨的世界中。

一个又一个疑团缠绕着傅立叶，他下决心要揭开其中的奥秘。

从1789年到1803年，经过十多年的艰难探索，他对世界有了新的认识。他以法国人所特有的风趣，以巧妙、诙谐、辛辣的笔触对资本主义制度进行了无情的讽刺和批判。后来恩格斯称他为"自古以来最伟大的讽刺家之一"。

请看这位讽刺大师的著名语录：

资本主义是一种"每个人对全体和全体对每个人的战争"的制度。在这种制度下，每个人为了自己的利益，都可以把自身的幸福建立在别人的痛苦之上。

医生希望病人增多；律师希望家家打官司；建筑师希望别人的楼起大火；玻璃匠梦想下冰雹，打碎所有的玻璃；裁缝和皮匠希望大家的衣服和皮鞋快穿坏，这样就可以使自己财源滚滚……

专家观点⊙

这种个人与集体和社会尖锐对立背后的原因是什么呢？傅立叶深刻地指出：这种对立的实质是富人和穷人、工厂主和工人的对立。资本主义制度下穷人的流行病是饥饿，而富人的流行病则是消化不良。长期的饥饿和营养不良，劣质的食物、繁重的工作和过度的劳累、疾病的折磨，使得劳苦大众逐步地接近死亡。因此，这是一个"罪恶的渊薮""颠倒的世界"。

——北京市社会科学院研究员李贺林

怎样使这个颠倒的世界走上正常的轨道，如何消除穷人与富人、资本家与工人之间的对立，使社会走向和谐呢？傅立叶综合了前人的各种方案和模式，逐渐形成了自己的改革计划。这就是建立一种生产与消费相结合的"农工协作社"，他把协作社命名为"法郎吉"。他认为，社会上所有"法郎吉"的总和便构成"和谐制度"。在和谐制度下，不仅人类社会变好，连大自然都会变得更好。

1803年12月3日，傅立叶在《里昂公报》上发表了题为《全世界和谐》的文章，第一次公开了"法郎吉"式的社会理想。

3个星期后他又在《里昂公报》上发表致政府的公开信，庄严宣称：一个最重大的事件正在酝酿成熟，全世界的社会和谐就要来临。

然而，傅立叶换来的却是警察的粗暴干预和世人对他的嘲笑。对"法郎吉"的第一次尝试就这样流产了。

1808年，傅立叶开始了第二次尝试，发表了揭露与抨击资本主义制度的长篇著作《四种运动论》。为了引起人们的好奇心，他故意匿名并亲自向多个国家的书商发书，结果却被人看成是精神失常的人，认为应该把他送进疯人院。

一次接一次的失败，并没有撼动傅立叶构建"法郎吉"的信念，他继续着他的研究和探索，先后出版了《论情欲的力学》《宇宙统一论》等著作。

1827年，傅立叶的最后一部著作也是最好的一部著作《新世界》出版。在这部著作中，他更加系统完整地阐述了"法郎吉"与和谐社会的组织体系，展示了他心目中新世界的宏伟蓝图。

"法郎吉"以大生产为基础，实行"按比例分配"，即按资本、劳动和才能进行分配，是一个有资本家也有工人、有富人也有穷人的和谐社会，他们之间的阶级对立将在集体劳动中消失，所有的人都会在追求人类幸福这一共同目标下团结友爱、和睦相处。

傅立叶认为，人的性格有810种，每种性格一男一女加起来便是1620人，所以每个"法郎吉"的人数为1620人。"法郎吉"下面可以分成若干小队，小队下面又可以分成若干小组。

"法郎吉"是一个城乡结合、工农结合的协作社，也是一个生产和消费的统一体，既组织生产，也组织生活。全体人员都住在一所豪华的宫殿式的大厦内。这种大厦比法国国王的凡尔赛宫还要阔气，它的名字叫"法伦斯泰尔"。大厦的中央部分为公共机关，如食堂、商场、俱乐部、图书馆、花房等。大厦一侧为工厂，另一侧是住宅和集会大厅。

傅立叶用诗一般的语言描述道：集体劳动能够创造真正的奇迹，可以把非洲撒哈拉大沙漠变成百花盛开的果园；随着科学的发展，人们将制造第二个太阳，使北冰洋通航……

傅立叶所设想的和谐社会方案，是一个美好但又不切实际的方案。最明显的缺陷是，他根本不提废除资本主义私有制，而是主张通过阶级融合建立和谐社会，拒绝一切政治斗争。这同他幻想未来时的大胆作风恰恰形成鲜明对照，所以他的美好设想只能是空想。

12 点的钟声敲响了，傅立叶每天准时在家里等待着，等待着某一位百万富翁的到来，支持他实现"法郎吉"的梦想。

时间一天天过去了，傅立叶所等待的富翁始终没有出现，而他的身体却一天天地虚弱下去。

傅立叶对资本主义精辟的批判和对未来理想社会的天才预见，使他在空想社会主义发展史上占据了重要的位置，他的许多思想成为马克思主义重要思想的来源之一。

1837 年 10 月 10 日，傅立叶在无望的等待中离开了人世。他家的时钟永远定格在中午 12 点。

第五章
孤岛沉没

1824 年，一艘巨大的航船从欧洲驶向北美大陆。甲板上伫立着一位中年绅士，一动不动地凝视着浩瀚的大洋。他就是闻名欧洲的企业家、慈善家和三大空想社会主义者之一——罗伯特·欧文。

此行北美，欧文要实现多年来的一个夙愿——在美国创建一个新和谐公社，为全世界进入美好的理想社会树起一面旗帜。

此时的欧文豪情满怀，信心百倍。他要在美国建立的共产主义新村，无疑是资本主义汪洋大海中的一座孤岛。那么，迎接欧文的将是一场怎样的考验，他将建立的那座人间仙境，又将面临怎样的命运呢？

1771 年 5 月 14 日，欧文出生于英国北威尔士蒙哥马利郡，他是一位马具匠的儿子，7 岁开始参加劳动，10 岁离家谋生，当过缝衣工学徒，18 岁就显露出善于经营企业的才华。他向哥哥借了仅仅 100 英镑，用短短的十几年时间，一举成为欧洲著名的大企业家。

新拉纳克，一个位于英国苏格兰中南部的小镇。2001 年，因为 200 多年前欧文的实验，被联合国确认为世界文化遗产。

瀑布飞流直下，滚滚的克莱德河流过，推动了水轮带动传送带，从而开启了整个小镇所有工厂的机器。

1799 年，欧文与人合伙买下了这个有上千工人的纺纱厂。第二年，欧文正式来此担任经理，他在英国工人运动史上的卓越地位就是在这里奠定的。

他把新拉纳克厂办成巨大的试验场。他缩短工人劳动时间，提高工人工资，禁止使用 9 岁以下的童工，把各种对工人实行的罚款制度全部取消。他还设置老弱病残补助金，即使在工商业危机的时候，仍然给失业者发放工资。这里设立的儿童学校是世界上第一所学前教育机构。

由于经营得当，企业不仅没有亏本，而且产值提高了一倍以上。他的工厂成为生活条件好、生产效率高、利润丰厚的模范企业，欧文也成了著名的大慈善家。

然而欧文在企业的经营中发现，工人劳动中所创造的财富，远比他们所得到的工资要多，企业主占有了工人创造的利润。欧文通过计算开始接触到资本主义生产的秘密：工人们除了"生产出了自己的生活资料"之外，还"生产出剩余产品"。这部分剩余产品完全被工厂主占有了。正是由于有了这种认识上的转变，他在 1820 年发表了《致拉纳克郡报告》，系统阐述了他的空想社会主义思想。

恩格斯曾这样评论道："欧文的共产主义就是通过这种纯粹营业的方式，作为所谓商业计算的果实产生出来的。它始终都保持着这种面向实际的性质。"

在法国大革命后的气氛里，资产阶级对欧文给予穷人教育机会和其他福利感到非常恐惧，他进行的许多改革都被当时的顽固势力阻挡了。

出路在哪里呢？欧文把他的目光转向了美国。因为当时的美国被认为是一个充满希望的新大陆，就像一张白纸，可以在上面描绘自己的蓝图。

1824 年，雄心勃勃的欧文带着 4 个儿子和一批信徒，登上了横跨大西洋的航船，一场伟大的试验在北美新大陆等待着他们。

他们来到美国的印第安纳州，筹集了 15 万美元，买下了 3 万英亩的土地，聚集 1000 多人，创办了一个名叫"新和谐"公社的共产主义公社。

欧文对"新和谐"公社的建筑布局和外观进行了具体描绘。公社的整个建筑布局按平行四边形的结构安排。主要建筑物分布于中央，呈正方形，当中是会议厅、图书馆、食堂、学校、幼儿园等。周围建筑是住宅，如集体宿舍、医院、招待所、仓库等。这些建筑的外围是花园，花园外面是农场、牧场和各种工厂。

公社的各种住房设计讲究，室内空气清新，温度可随时升高或降低，宜居舒适。欧文描写道："舒适的卧房面对着乡村的花园；大小适当的起居室面对着广场，此外还有许多公共的安排；这样便可以最大限度地为协作耕种者提供一切实用的和理想的居住条件。"在"新和谐"公社，儿童免费接受教育，社员享受免费医疗，商店供给社员一切生活必需品。

欧文还根据他的空想社会主义理论，制定了《新和谐公社组织法》，规定公社是根据"联合劳动、联合消费、联合保有财产和特权均等的原则建立起来的"。参加公社的人，必须经过 3 年的见习训练，成绩优良者才能被接纳为正式社员。创办之初，公社呈现出一片欣欣向荣的景象，欧文为此心花怒放。

但是，好景不长，处于资本主义汪洋大海包围中的这座孤岛，不可能与世隔绝。由于参加公社的人员多种多样，除一部分欧文的忠实信徒抱着实现共产主义的理想外，大部分人都抱着不同的目的而来，其中不乏投机家和冒险家。特别是当欧文因工作原因暂时离开美国后，各种矛盾和问题立刻暴露出来，公社随之陷入一片混乱。两年内公社的体制竟变动了7次，每次变动就有一批社员退出，人心涣散，残局难收。

1828年，几乎耗尽了欧文全部资产的"新和谐"公社土崩瓦解，这座仅仅存在了3年的孤岛，在风雨飘摇中沉没了。

专家观点⊙

欧文认为，未来社会生产力将高度发达，产品将十分丰富，实行生产资料公有制、计划生产、按需分配，消灭了城乡差别、工农差别、脑力劳动与体力劳动差别，工人阶级"将成为所有等级中最有力量的等级"，他的思想达到了空想社会主义的高峰。然而他实现社会主义的途径是在资本主义社会的汪洋大海中进行孤岛试验，这就注定了他无法避免失败的命运。

——国家行政学院教授许耀桐

失败并没有动摇欧文的决心和信心。1829年，这位年近六旬的老翁回到英国，在工人中继续宣传自己的主张，并成为英国工人运动的领导者。

1851年5月18日，33岁的马克思特地赶往伦敦约翰街，出席了欧文80寿辰庆祝仪式，聆听他的讲演。

1858年，87岁高龄的欧文在英国利物浦召开的全国科学促进代表大会上做讲演。不料刚讲了几句，便支持不住，旋即昏迷不醒，经抢救无效于当年11月17日与世长辞。

欧文去世后，马克思撰文说：欧文"一经踏上革命的道路，即使遇到失败，也总是能从中汲取新的力量，而且在历史的洪流中漂游得愈久，就变得愈坚决"。

从乌托邦梦到"新和谐"公社沉没，从莫尔到欧文，人类在空想社会主义道路上前赴后继地艰辛跋涉了300年，留下的是一曲曲动人心魄的空想悲歌。

莫尔——这位英国大法官，临刑前对刽子手说："我的脖子是短的，

好好瞄准，不要出丑。"

闵采尔——面对刽子手，他用铿锵有力的声音说："忏悔？决不！

千年天国一定会实现！"

康帕内拉——一生进过 50 所监狱，在黑暗的牢房中度过了 30 多个春秋。

巴贝夫——在断头台上，他平静地告诉人们："我会像一个正直的人一样酣睡。"

圣西门——因贫困而死。

傅立叶——在无尽的守望中郁郁而终。

罗伯特·欧文——为了实现理想王国，千金散尽，最终倒在了讲台上。

专家观点 ⊙

面对资本主义出现的各种社会问题，空想社会主义应运而生，经过 300 年的发展，在 19 世纪出现了圣西门、傅立叶、欧文三大空想社会主义思想家，他们揭露资本主义社会的罪恶，批判资本主义制度的全部基础，论证社会主义代替资本主义的必然性和合理性，并提出了未来理想社会的天才设想，描绘了这个社会的美好蓝图，为科学社会主义提供了重要的思想材料。但是，空想社会主义者的共同局限是唯心史观，无法找到实现其社会理想的正确道路和社会力量。

——北京大学教授闫志民

恩格斯评价说："他们终究是属于一切时代最伟大的智士之列

的，他们天才地预示了我们现在已经科学地证明了其正确性的无数真理。"

历史送走的是空想社会主义的虚幻，迎来的是科学社会主义的曙光。

第六章
哲人转身

　　1999 年秋，一个新的千年即将来临，英国广播公司（BBC）评选出了"千年伟人"，卡尔·马克思排名第一，爱因斯坦、牛顿以及达尔文等位居其后。

　　2003 年 7 月，美国最大连锁书店旗下的《图书》杂志评选出"改变美国的 20 本书"，马克思、恩格斯合著的《共产党宣言》，在美国独立以来 200 多年浩如烟海的书籍中排名第五。

　　100 多年来，马克思、恩格斯深刻地改变了人类的思考方式，改变了包括发达国家在内的几十亿人的生活。即便在西方国家，这两位伟人也已经汇入了巨匠的星河。

　　在社会主义 500 年的历史长河中，第一幕演出的主角是莫尔、康帕内拉、圣西门、傅立叶、欧文等空想社会主义的思想家们。然而，历史并没有给他们实现理想的土壤。300 多年的艰难跋涉之后，马克思和恩格斯，这两个德国人来到了历史的聚光灯下。

　　特里尔，是马克思的故乡。1818 年 5 月 5 日，马克思就出生在这座三层小楼里。1991 年，这里成为全世界唯一专门纪念马克思的博物馆。

　　马克思在一个犹太律师家庭中长大，23 岁就成为普鲁士历史上最年轻的博士之一。

恩格斯出生在同属于莱茵省的另外一座城市——巴门，他的家族拥有著名的纺织企业，在全欧洲都拥有分厂和子公司。

这样两个"含着银汤勺"出生的人，如果都乖乖地听从他们父辈的叮嘱，这世上或许会多了一名出色的律师和一位颇有经营头脑的企业家。

但他们注定不会循规蹈矩，促使两人不约而同地走上一条红色之路的最初动因是——哲学。

马克思、恩格斯出生的年代，法国的拿破仑一世刚刚退出历史舞台，英国正处在工业革命的黄金时期，北美洲则忙于安顿从欧洲来的大批移民。而德国还处在分裂状态，普鲁士是德意志各邦中最强大的一个。

在柏林大学学习法律的马克思，当时只有17岁，他迷上了黑格尔哲学。

距离柏林大学仅几分钟路程的施特黑利咖啡馆，青年黑格尔派的中坚组织"博士俱乐部"就活跃在这里，马克思是其中最年轻的成员。他们以黑格尔的辩证法为武器，批判宗教和普鲁士封建统治。很快，马克思就成了核心人物。

23岁怀揣着博士学位证书的马克思，并没有如愿当上大学教授。马克思刚刚离开柏林大学，恩格斯就来了，他当时的身份是一名正在服役的炮兵。趁着服役的闲暇时光，他总是跑到柏林大学去旁听哲学课。

在柏林失之交臂的马克思和恩格斯，很快就有了思想上的第一次交集。连接两人的媒介，是1842年元旦在科隆出版的《莱茵报》。

为《莱茵报》撰稿，并最终成为该报的编辑，这是马克思大学毕业后谋得的第一份工作。那一年，他24岁。恰巧，恩格斯也成为这家报纸的撰稿人。

马克思在《莱茵报》上发表的第三篇论文是《关于林木盗窃法的辩论》。

1842年，莱茵省议会制定法律，把捡枯树枝的人都当成贼抓起来，原因是他们侵害了拥有土地的地主阶级的利益。

专家观点 ⊙

《关于林木盗窃法的辩论》，是马克思哲学世界观转变的历史性标志。这篇文章的中心内容，实际上是从理论上批判普鲁士专制主义和封建贵族、土地所有者的利益。由此，也就促使马克思开始怀疑黑格尔的唯心主义，从根本上离开黑格尔的唯心主义，走向唯物主义的哲学基础。

——北京大学马克思主义学院教授王东

1842年底，恩格斯按照父亲的意愿来到曼彻斯特管理家族企业。这位"老板"在世界工厂的中心，看到了工人们悲惨的生活。5岁以上的孩子就开始在工厂工作，工作时间常常是每天14小时到16小时。成百的孩子每天晚上回家时疲倦到由于瞌睡而吃不下晚饭，他们的父母发现他们跪在床前，原来他们在那里祷告的时候睡着了。恩格斯愤怒地写道："所有这些都不过是为了要填满资产阶级的钱袋！"

坚持用哲学服务社会的马克思，则把《莱茵报》这张由自由工商业主出资筹办的资产阶级报纸，办成了为民众代言的思想阵地，随着它在国内的影响越来越大，离被查封的日子也越来越近了。

马克思的名字最后一次出现在《莱茵报》上，是这份简短的声明：因现行书报检查制度的关系，本人自即日起，退出《莱茵报》编辑部，特此声明。马克思博士。1843年3月17日于科隆。

最后一期《莱茵报》，印了一幅普罗米修斯的受难图。马克思在博士论文中，就曾借用普罗米修斯的话宣告："我宁肯被锁在岩石上，也不愿做宙斯的忠顺奴隶。"这几乎成为马克思一生的隐喻。

1843 年，马克思与相恋七年的燕妮小姐结婚了。在结识恩格斯之前，燕妮是唯一真正理解和全心全意支持马克思事业的人。这年秋天，新婚的马克思夫妇离开德国，迁居巴黎，为《德法年鉴》的创刊做准备。一个更为广阔的世界在他们面前展开。

19 世纪的巴黎，是"当时欧洲最坚强、最进步的精神中心"。此时的马克思不仅研究了空想社会主义者的著作，而且认真地研究了英国的古典政治经济学及其他经济和历史著作。他经常出现在市郊的贫民区、工人家中或者小酒馆，旁听一些工人秘密组织正在召开的会议，这是他第一次同革命工人进行接触。

在《德法年鉴》创刊号上，马克思和恩格斯各自在上面发表了文章，两个伟人的名字第一次并列写在一起。

专家观点 ⊙

马克思在《德法年鉴》上有两篇论文，一篇是叫《黑格尔法哲学批判导言》，还有一篇是《论犹太人问题》。这两篇论文，第一篇讲的是无产阶级历史使命这样一个思想，第二篇区分了政治解放和人类解放。这两篇文章表明，马克思在《德法年鉴》中就完成了世界观的转变，从唯心主义到唯物主义、从革命民主主义到共产主义的转变。恩格斯也发表了两篇文章，一篇叫《政治经济学批判大纲》，还有一篇是《英国状况的一部分》，这两篇也标志着恩格斯完成了世界观的两个转变。

——中国人民大学马克思主义学院教授刘建军

在巴黎的法兰西剧院广场附近，曾经有一家"雷让斯咖啡馆"。尽管还不能确定马克思和恩格斯的见面究竟发生在 1844 年 8 月下旬的哪一天，但是这家咖啡馆确实是他们在巴黎会面的地点。

他们一见如故。二人立即着手合著一部新书，对过去的哲学思想进行反思。这本书于 1845 年出版，名为《神圣家族》。

《神圣家族》原来是意大利文艺复兴时期一幅名画的名字，马克思用这一名称来讥讽鲍威尔等人的狂妄，他们称无产阶级是一群没头脑的人。借由《神圣家族》，马克思与恩格斯完成了对过去哲学思想的告别，开始共同创立科学社会主义的战斗历程。

1845 年 1 月，警察闯入马克思在巴黎的家，宣布了对马克思、海涅、比尔格尔斯等人的驱逐令，限令马克思 24 小时之内离开巴黎。这位"世界公民"的下一站，选择了布鲁塞尔。在布鲁塞尔，马克思和恩格斯将为改变人类的命运做出怎样的壮举呢？

第七章

一个幽灵

一个幽灵，在欧洲徘徊。

1845 年初，原本矛盾重重又相互鄙视的德国皇室、法国激进派、罗马教皇以及俄国沙皇等各种力量突然联合起来，他们对刚刚出现在自己面前的共产主义学说感到既神秘又惧怕，将其视为恐怖的幽灵，必欲置之死地而后快。

1845 年 2 月，遭到法国政府驱逐的马克思从巴黎来到了比利时的布鲁塞尔，而早已厌倦了经商的恩格斯也在这年 4 月离开曼彻斯特，赶来与马克思会合。他们在此后的几年里共同创立科学社会主义学说，建立世界上第一个共产党，而且为这个党起草了党纲《共产党宣言》。这个宣言系统地阐述了共产党的目的和主张，回击了一切对于共产主义"幽灵"的诋毁。

自蒸汽机发明以来，机器大工业生产突飞猛进，社会化生产与生产资料私有制的矛盾日趋尖锐。

从 1825 年开始，爆发了每隔十年左右一次的周期性经济危机，使资本主义社会产生了剧烈震荡。在这种背景下，19 世纪三四十年代欧洲连续爆发了法国里昂纺织工人起义、英国宪章运动、普鲁士西里西亚纺织工人起义等三次大规模工人运动。

1831 年，法国里昂工人发动集会要求提高工资。在没有得到资产阶级的回应之后，他们提出了"不能劳动而生，毋宁战斗而死"的口号，攻占了里昂城，但很快就遭到了镇压。

1842 年，在英国第二次宪章运动中，300 万劳工在伦敦向英国议会提交请愿书，要求获得选举权，并质问为什么女王每天收入 164 镑 17 先令 60 便士，他们却只有两三个便士？但没有得到回答。

1844 年，普鲁士西里西亚地区 3000 多名生活在贫困线上的纺织工人为反抗资本家的过度剥削而发动起义，最终还是失败了。

工人阶级开始登上了历史舞台。工人运动虽然屡屡失败，但破坏工厂、组织集会，甚至同资本家以命相搏的抗争却让欧洲的统治阶层不寒而栗，统治阶层坚信共产主义是这一切动荡的幕后主使，并将它喻为可怕的游魂、恐怖的幽灵。而移居布鲁塞尔的马克思和恩格斯则发誓要为游魂装上理想，为幽灵正名。

但那时的马克思麻烦缠身，因为曾经撰文批评普鲁士的政体，普鲁士警察一直要求引渡马克思，比利时政府也找出各种借口不发给他居住证。马克思经济拮据，而妻子燕妮又怀有身孕。一切都像那个春天一样动荡不安。

重新聚首的马克思和恩格斯也花了一个多月的时间亲自到英国实地考察工人的生活，期望能够为以后的工人运动找到出路。

1846 年，28 岁的马克思和 26 岁的恩格斯完成了《德意志意识形态》一书。在这本书里，他们论述了生产力和生产关系的辩证关系，揭示了人类社会发展的一般规律，阐释了阶级和阶级斗争理论，创立了唯物主义历史观。

专家观点 ⊙

这是一部里程碑般的著作，它第一次对唯物史观做了比较系统的阐述，是唯物史观诞生的一个重要标志。唯物史观认为：人民群众是历史的创造者，(阶级产生以来) 社会发展的历史是人民群众的实践活动的历史，也是阶级斗争的历史，阶级斗争的最高形式是进行社会革命，夺取国家政权。唯物史观是马克思、恩格斯为科学社会主义奠定基石的两大发现之一，另一个发现，剩余价值理论，此时也在萌芽之中。

——原中共中央编译局研究员王学东

1846 年初，马克思、恩格斯联合布鲁塞尔的一些朋友，建立了共产主义通讯委员会。这是一个国际无产阶级的联系组织，通过与各国共产主义者的信件往来，传播思想、了解情况，指导工人运动。

共产主义通讯委员会很快在巴黎、伦敦、汉堡、莱比锡、西里西亚都设立了支部，最为重要的一个成果就是，使得建党正式进入筹备阶段。

1847 年，夏洛蒂·勃朗特出版了《简·爱》，雨果正在构思他的小说《悲惨世界》，后来的发明大王爱迪生刚刚出生。这一年，一个叫内尔奈斯的德国人开始把马克思、恩格斯创立的理论命名为"科学共产主义"，20 多年后它才有了一个新的名字——"科学社会主义"。

这年 1 月的一天，一个名为"正义者同盟"的神秘组织派特使从伦敦来到布鲁塞尔。

"正义者同盟"最初具有浓郁的帮会性质，成员主要由流亡在外的德国裁缝、木匠、钟表匠、排字工人等手工业者组成，宗旨是通过少数人的密谋活动建立财产公有的新社会。他们思想上一度受到各种空想社会主义的影响，因此请马克思、恩格斯帮助改组同盟。

据说，共产党的"书记"这个词就源于此时。在商讨委员会成立事宜时，恩格斯问马克思，这个组织负责人怎么称呼，马克思毫不犹豫地回答说：就叫"书记"。

1847 年 6 月，"正义者同盟"举行第一届代表大会。按照马克思和恩格斯的要求，"正义者同盟"改称为"共产主义者同盟"。1847 年 11 月 29 日，第二次代表大会举行，300 多人参会。因为很多人白天还要上班，会议只能晚上开，并因此延续了 10 天。

在 10 天的议程中，马克思和恩格斯充分阐释了无产阶级革命理论，一直处于盲人摸象般痛苦辗转的工人们因此获得了精神武装，群情振奋之下，历史上第一个按照科学社会主义原则建立起来的无产阶级政党诞生了。

马克思和恩格斯受大会委托，起草一份公开的宣言，作为党的政治纲领。

回到布鲁塞尔的马克思和恩格斯又在书斋里开始了他们的奋斗。无产阶级的苦难、资本家的贪婪、工人运动失败的惨痛交替在他们的胸中奔涌升腾。

他们意识到，宣言不能仅仅是一份政治纲领，还必须成为无产阶级的指路明灯。为此，在一个多月的时间里，马克思和恩格斯把他们所有的思想精华用最通俗的语言注入了这本不朽的经典之作。

1848 年 2 月 18—19 日，伦敦瓦伦街 19 号，哈里逊印刷所。《共产党宣言》正在悄悄印刷。这本绿色封面、只有 23 页的德文小册子，首次印数只有几百册。这正好赶上 1848 年欧洲革命爆发，油墨未干的《共产党宣言》立即分发到各国的同盟盟员手里，成为工人的思想武器。

专家观点⊙

《共产党宣言》是社会主义从空想到科学的重要标志，它的问世标志着马克思主义的正式诞生。《共产党宣言》让共产主义运动从幽灵变成了一轮喷薄欲出的朝日。

——原中共中央编译局研究员王学东

《共产党宣言》是无产阶级政党的第一个党纲，指出资本主义必然灭亡，共产主义必然胜利。这个历史使命的承担者是无产者，而无产者要实现这个使命，必须推翻资产阶级，使自己上升为统治阶级，为此就必须组成一个自觉的阶级政党。

"无产者在这个革命中失去的只是锁链。他们获得的将是整个世界。"

《共产党宣言》指出人类的发展方向是："代替那存在着阶级和阶级对立的资产阶级旧社会的，将是这样一个联合体，在那里，每个人的自由发展是一切人自由发展的条件。"

这些具有历史穿透力的思想，到今天仍然具有现实指导意义。170多年来，《共产党宣言》像一座灯塔指引着国际共产主义运动，被誉为马克思主义经典著作中的"歌中之歌"。

从1516年莫尔的《乌托邦》到1848年的《共产党宣言》，人类在荒野里跋涉了332年之后，终于找到了一条通往理想社会的真正道路，终于找到了实现这个理想的领导者与战斗者。

《共产党宣言》是人类发展史上的一次壮丽的日出。

在《共产党宣言》出版的这段时间里，欧洲发生了惊天动地的大事件。一场席卷大半个欧洲的革命爆发了。马克思、恩格斯要回到德国，亲身参加这场革命，恩格斯甚至走上了前线，亲自指挥作战，那么结果又会怎样呢？

第八章

铁血学者

1848 年初，几乎就在马克思把《共产党宣言》手稿寄往伦敦的同时，欧洲发生了惊天动地的大事。1 月 12 日，西西里爆发革命。随后，2 月 23 日，法国巴黎的工人、市民和学生唱着《马赛曲》，高呼"革命万岁""共和国万岁"冲进王宫。国王路易·菲利普的宝座被焚烧，全家逃往英国。共和国宣布成立。革命的火焰迅速蔓延，3 月 7 日，到达柏林；3 月 13 日，波及维也纳；3 月 15 日，匈牙利爆发革命。革命很快席卷了大半个欧洲。

19 世纪中期，欧洲封建主义与资本主义、压迫民族与被压迫民族之间的矛盾已经非常尖锐。1845 年至 1846 年，欧洲一些国家发生了严重的自然灾害，农业歉收。1847 年紧接着又发生席卷全欧洲的经济危机。一场蓄积已久的革命爆发了。

1848 年 2 月底，流亡在布鲁塞尔的马克思和恩格斯得到了消息：巴黎街头爆发的反抗君权专制的革命取得了胜利。

2 月，马克思刚刚收到父亲留给他的 6000 法郎遗产。这笔钱相当于马克思前三年收入的总和。马克思把相当一部分钱拿出来资助革命，并且组织工人游行，此时，他已经成为比利时政府黑名单上的头号人物。在革命形势下，比利时当局风声鹤唳，立即签署驱逐令，要求马克思 24 小时内离开比利时。3 月 4 日凌晨 1 点多，十几个警察破门而入，以马克思没有身份证为由逮捕了他。燕妮想出去找朋友帮忙，但也被警察带走，送到市政厅监狱，以游荡罪名关在阴暗的牢房里。

等他们被放出来的时候，24 小时限期离开比利时的时间已到，连最简单的行李都来不及收拾了。此前，马克思收到过一封来自法兰西第二共和国临时政府官员的来信，邀请他前往巴黎，并说："法兰西共和国的土地是所有自由之友的避难所。"流亡在布鲁塞尔长达 3 年的马克思一家终于有了去处。

出现在马克思眼前的巴黎，空气中弥漫着烧焦的气味，到处是临时设置的路障。在友人的帮助下，马克思在巴士底狱附近找到了一处临时住所。

法国建立了资产阶级共和国，马克思、恩格斯开始把目光投向革命迫在眉睫的德意志。

3 月 13 日，普鲁士首都柏林的工人、市民和大学生连续举行示威游行，并同政府军展开战斗。普鲁士国王腓特烈·威廉四世被迫同意召开有资产阶级参加的议会，并于 3 月 29 日任命资产阶级自由派首领康普豪森组阁。

马克思、恩格斯共同分析德国的形势，他们看到统治权落入了资产阶级的手中，不过无产阶级和资产阶级的斗争还在后头，当前的斗争主要是争取统一的民主共和国。

马克思指出："在德国，只要资产阶级采取革命的行动，共产党就同它一起去反对专制君主制、封建土地所有制和小市民的反动性。但是，共产党一分钟也不忽略教育工人尽可能明确地意识到资产阶级和无产阶级的敌对的对立……"

为此，他们要回到阔别已久的德国。

从上一次被普鲁士驱逐出境后，马克思有 6 年没有回过这里。6

年过去了，他揣着由法国政府颁发的有效期一年的护照，以一个"外国人"的身份回到祖国。

回到科隆，他们立即着手做两件事情：一是筹办一家日报；二是建立一个全德工人党，推动革命。

恩格斯回故乡巴门筹集办报资金。他在给马克思的信中无奈地写道：父亲"宁愿叫我们吃一千颗子弹，也不会送我们一千塔勒。问题的实质是，在这里甚至连激进的资产者都把我们看成是他们的未来的主要敌人"……

塔勒是当时普鲁士的货币单位。经过恩格斯多方努力，一共为报纸推销14股，每股50塔勒。马克思则把所有的财产几乎全部献了出来。为了强调这张报纸同马克思几年前编辑过的《莱茵报》的联系，他们决定将报纸定名为《新莱茵报》，副标题为"民主派的机关报"。

1848年6月1日出版的第一期《新莱茵报》，报纸首先把普鲁士新成立的资产阶级政府内阁的摇摆不定作为批评的对象。马克思这样写道："我们一开始就指责康普豪森没有实行专政，指责他没有马上粉碎和清除旧制度的残余。"

为了把欧洲和德国革命中正在发生的一切真相和最重要的消息迅速报道出去，《新莱茵报》常常在一天中出两次报，材料多时就出增刊，有重大消息时，立即出版号外。恩格斯后来充满激情地回忆道："你会亲眼看到每一个字的作用，看到文章怎样简直像榴弹一样击中目标，看到打出去的炮弹怎样爆炸。"

1848年6月23日，继二月革命之后，巴黎再次爆发了工人反抗资产阶级政府的起义。在整个欧洲，《新莱茵报》是唯一站在巴黎工人一方的报纸。

巴黎工人发现境况比二月革命之前还要糟糕，《新莱茵报》这样描述他们："平民则受尽饥饿的折磨，遭到报刊的污蔑，得不到医生的帮助，被所谓'正直的人'叫作小偷、纵火者和流刑犯。"工人自发起义，经过6天激烈的巷战，起义被镇压，1.1万人被枪杀，2.5万人遭到流放。

马克思和恩格斯以悲愤的笔调写道："历史将把他们看作是无产阶级第一次决战的牺牲者。"

专家观点⊙

应该说，这个过程中，马克思的思想也一直在转变。最初，尽管他意识到资产阶级和无产阶级的矛盾，但是他还是希望在共同反封建问题上，联合资产阶级。但是结果证明，这种联合是很艰难的。

——清华大学马克思主义学院常务副院长艾四林

1849年3月28日，议会代表们讨论了近一年才制定出宪法。这部宪法给了人民一定的权利，但同时继续保留君主制。然而，各邦的君主们还是不满足。威廉四世拒绝议会授予的皇位。深感被愚弄的民众，随后在德意志西南各邦发动起义，掀起护宪斗争。

正处于起义的前沿，《新莱茵报》编辑部的作者们，不仅紧握手中的笔，还同时拿起了枪。编辑部里有8支步枪和250发子弹，印刷工人都戴着红色雅各宾帽，马克思也佩带了手枪。因而，反动势力不敢对他们轻举妄动。

恩格斯在5月参加了爱北斐特地区的起义，并成功地率领一支小分队突袭了普鲁士军队的一个军需仓库。

随着斗争的日益激烈，《新莱茵报》的语调也一期比一期更加猛烈而热情。文章像真正的榴弹一样打击敌人。1849年5月19日，报纸被迫关闭。

恩格斯此后参加了巴登—普法尔茨的武装起义。后来，队伍被打散，撤到瑞士。这时，各国的革命纷纷被镇压，1848年革命彻底失败了。

专家观点 ⊙

1848年革命的性质是资产阶级民主革命，其领导者虽然主要是资产阶级，但是这次革命，不仅锻炼了无产阶级，而且为后来德国、意大利的统一埋下了伏笔。

——北京大学马克思主义学院教授李青宜

后来，马克思和恩格斯撰写了大量著作，对1848年的欧洲革命进行了总结和研究，进一步丰富和完善了革命的理论，第一次提出了"无产阶级专政"等概念。他们深切地感受到，要使革命取得胜利，必须有科学理论武装起来的政党，这是后来马克思投入大量时间和精力进行理论研究的重要原因。

这一年，31岁的马克思被祖国作为外国人再次驱逐出境。革命和办报让他荡尽家财，在给朋友的信中他写道："如果我得不到任何方面的援助，我就完了……我妻子的最后一件首饰也已经送到当铺里去了。"

拿破仑的侄子路易·波拿巴当选法国总统后，巴黎也不再欢迎马克思。"流亡者"从此成了他生活的标签。他的家庭中有四个国籍，每个孩子都出生在不同的国家。

最后一期《新莱茵报》头版上的《告别辞》这样写道：

别了，但不是永别，

他们消灭不了我们的精神，弟兄们！

当钟声一响，生命复临，

我将立即披甲返程！

第九章
资本揭秘

在西方世界，为应对全球金融危机而焦头烂额的各国政要、企业大佬、经济学者开始阅读这本书，青年学生们在谈论这本书。在圣诞节，这本书成为最受欢迎的礼物。艺术家们也在谈论这本书，德国人把它翻拍成电影，日本人把它绘制成漫画，一路畅销。

人们把这本出版于一个多世纪前的书当作"预言之书"，想要从中发现经济危机爆发的原因，更希望能够找到走出困局的锦囊妙计。这究竟是一本什么样的书？它为何具有如此神奇的力量？

1849 年 8 月，马克思带着他的家人来到英国伦敦，并且在那里安顿下来。1848 年革命失败后，马克思再次遭到驱逐，英国是当时还愿意接受流亡革命者的欧洲国家。在这里，马克思即将开始他一生中最为重要的一次写作，在这部作品中，资本主义的秘密将被大白于天下。

当时，有两个现象：一个是资产阶级经济学的庸俗化，通过种种概念遮掩资本主义剥削的本质。另一个就是，工人阶级作为一种政治力量已经登上历史舞台，但是对于资本主义性质的认识还是模糊的。这就迫切需要用洞察历史的眼光来分析这个资本主义制度。马克思自觉地充当了这个伟大的历史角色。

展现在马克思面前的英国，是一幅典型的资本主义社会图景。这里集中了资本主义工业化的一切特征，城市被工厂产生的烟尘所笼罩，泰晤士河里流淌着肮脏的工业废水。这里有喧闹的商业和金融中心，也有大片令人惨不忍睹的贫民窟。

对于投身写作《资本论》的马克思来说，没有哪座城市比伦敦更适宜。英国有着悠久的古典政治经济学传统，始建于 1753 年的伦敦大英博物馆的图书馆，则为他提供了丰富的研究材料。

1850 年 6 月的一天，马克思拿到了大英博物馆图书馆的阅览证，从此他成了这里最不知疲倦的读者。大多数日子里，他从上午 9 点钟图书馆开门，一直待到晚上 7 点，每天工作 10 个小时。他把大量时间花在阅读经济学著作和《经济学家》杂志上，为了写作《资本论》，马克思阅读过的有关书籍有 1500 多种，记下的各种读书笔记有 100 多本。

只有一种情况会妨碍到马克思的研究和写作，那就是贫困。这个缠绕他一生的"敌人"将他的生活完全拖拽到泥沼之中。在英国的最初 6 年，即使是住在最便宜的住宅区里，他还是多次因为付不起房租而不得不搬家。疾病更是夺走了他 1 岁的小女儿弗兰契斯卡和 8 岁的儿子埃德加尔的生命，这两个孩子甚至没有能留下一张照片。

有的时候，为了还账或是解决生计问题，马克思不得不把衣服拿去典当。在这种情况下，他只好写信给恩格斯说：给我寄上几英镑，我还得去典当行赎回我的衣服，否则就没法出门了。那我就不能去图书馆了。

追随着马克思的脚步，恩格斯也来到了英国，在曼彻斯特从事商业活动。恩格斯本人对于自己的经商行为非常厌恶，但是他可以用这种方式来接济自己的亲密朋友，同时还能够为马克思写作《资本论》提供翔实的一手素材，这其中既有市场交易的内幕，也有英国工人阶级生存状况的真实报告。

尽管马克思对于资本主义工业的技术成果饶有兴趣，但他的目光却洞穿这些繁荣的表象，聚焦于最底层的无产者身上。在这里，他目睹了一桩桩残酷剥削的血案。他怒斥说："资本是死劳动，它像吸血鬼一样，只有吮吸活劳动才有生命，吮吸的活劳动越多，它的生命就越旺盛。"

马克思想要知道，为什么创造了财富的工人们却无法拥有财富？究竟是什么窃取了他们创造的价值？随着一个个问题的解开，马克思最终揭穿了资本的骗局。资本家占有了工人的剩余劳动成果，由此产生了剩余价值。这是资本家剥削工人的基本方式。

对于斗争中的工人阶级来说，这一真相是如此重要。1867 年 9 月中旬，《资本论》第一卷在德国汉堡正式出版。早在三年前成立的国际工人协会，也就是第一国际，很快通过决议，把这部著作称为"工人阶级的圣经"，并推荐给各国的社会主义者。当《资本论》再版后，马克思在序言中写道："《资本论》在德国工人阶级广大范围内迅速得到理解，是对我的劳动的最好的报酬。"

《资本论》被称作是工人阶级的"圣经"，它简单的道理是什么呢？过去总以为地主养活了农民，资本家养活了工人，为什么？不是资本家开了工厂，你工人才有活干吗，工人不是资本家养活的吗？但是马克思通过科学分析，说明了一个道理：资本家是工人养活的。

马克思在写给一位朋友的信中说，使一门科学革命化的科学尝试，从来就不可能真正通俗易懂，可是只要科学的基础一经奠定，通俗化也就容易了。

马克思的探索并未止步于此。正如他在《共产党宣言》中就已经发现的那样，当大量商品涌入市场之后，工人们却并没有变得富裕，而资本家只会面对一大堆卖不出去的商品；结果，不仅有大批产品被毁掉，还会有一大批生产力被毁掉。

马克思将这种现象称为"社会瘟疫"，这位洞悉资本主义社会本质真相的思想家预言，经济繁荣与萧条之间的交替循环，是资本主义自身无法克服的，它终将听到自己的丧钟。

专家观点☉

正如达尔文的《进化论》曾发现有机自然界的进化规律一样，马克思的《资本论》发现了人类社会发展的规律。在这部书中，马克思揭穿了剩余价值的"秘密"。把资本家剥削工人的本质、手段、诀窍都揭露出来了。它的出版，宣判了资本主义的末日，为无产阶级革命指明了正确的方向，具有划时代的重要意义。

——中国人民大学中国资本论研究会会长林岗

马克思用了近 40 年的时间去酝酿和写作《资本论》，但他没能等到这部巨著完全问世的那一天。在《资本论》第三版的序言中，读者们读到了这样一段话："马克思不幸已不能亲自进行这个第三版的付印准备工作。这位大思想家（现在，连反对他的人也拜服他的伟大了）已于 1883 年 3 月 14 日逝世。"写下这篇序言的人是恩格斯，正是他整理了马克思留下的大量手稿，完成《资本论》第二、三卷的出版。

在《资本论》第一版的序言中，马克思以一句格言作为结束语："走你的路，让人们去说罢！"在他去世后的 100 多年里，人们仍然在探讨着他在书中所论述的观点。1997 年的一期《纽约客》杂志上曾经这样评价马克思："只要资本主义还存在，他的书就值得阅读。"作家萧伯纳则以另一种方式来评价《资本论》："它获得了一本书所能获得的最伟大的成绩——改变其读者的思想。"

第十章
巴黎公社

　　1871 年 5 月 16 日下午，巴黎旺多姆广场上空回荡着《马赛曲》和一片欢呼之声，时任巴黎公社艺术委员会主席的画家居斯塔夫·库尔贝主持了旺多姆柱的拆毁仪式。旺多姆柱是拿破仑在 1810 年用历次战役中缴获的 1250 门大炮铸成的。库尔贝宣告旺多姆柱是"野蛮行为的纪念物，是武力和虚荣的象征，是对军国主义的赞扬"。下午 5 点左右，旺多姆柱在绞盘的巨大威力下，断为三截。

　　在旺多姆柱拆毁仪式上，人们宣告旺多姆广场更名为国际广场，这一天，是巴黎公社成立的第 50 天。

　　1870 年 7 月 19 日，普法战争爆发。然而，由 26 万兵力组成的法国兵团却不堪一击，9 月 2 日，被普鲁士军队包围的拿破仑三世不得不举起白旗，同他的 39 名将军、9 万名士兵一起成为普鲁士的俘虏。

　　普法战争后，法国梯也尔"国防政府"在巴黎成立，阿尔萨斯和洛林两省被割让给普鲁士。巴黎民众自发组成的国民自卫军，时刻警惕着梯也尔政府以民主的名义复辟帝制。双方冲突的导火线，在 1871 年 3 月 18 日被点燃。

　　梯也尔政府试图把广场的 250 门大炮和停放在蒙马特尔高地的 200 门大炮，调去镇压国民自卫军武装。装订工人瓦尔兰带领自己的营队同蒙马特尔区的国民自卫军一起抵抗凡尔赛军队的突袭，不久，许多巴黎市民也加入了保卫大炮的队伍。

人们投掷石块，士兵阵前倒戈，两个政府军将军在罗西耶街被射杀，国民自卫军和巴黎民众一起，几小时内就把这些大炮运回了蒙马特尔高地。

起义者在当晚就占领了政府机关和市政厅，在市政厅挂上了世界第一面无产阶级政权的红旗。第一国际会员龙格起草的《3月18日革命》宣言称，巴黎的无产者已经意识到，由他们亲手掌握公共事务的领导以挽救时局的时刻已经到来。就在这一天，世界上第一个无产阶级政权组织——巴黎公社，在枪炮声中诞生了。

10天后，梯也尔"国防政府"逃亡凡尔赛。

人山人海的广场上响起歌声，乐队高奏《马赛曲》，演讲者费了很大力气，才在片刻的肃静中喊出："我以人民的名义，宣告公社成立了。"巴黎公社战士利沙加勒激动不已，他赞叹道："这真是盲人也看得到的光明。"

远在伦敦的马克思在书信中热情洋溢地赞美道："这些巴黎人，具有何等的灵活性，何等的历史主动性，何等的自我牺牲精神！……历史上还没有过这种英勇奋斗的范例。"

在梯也尔逃往凡尔赛8天后，巴黎公社举行选举，选民229000人。

公社议会的92名委员上任伊始，就废除了官员的高薪制，规定所有的公社委员，只能领取同熟练工人一样的工资。

这是巴黎公社发布的第一个法令：废除常备军，确立国民自卫军是唯一合法武装。但是没有明确军队由谁掌管。时任中央委员会委员的瓦尔兰提议，现在最需要把军权牢牢掌握在自己手里，打击凡尔赛政府的反扑。

由于委员意见不一致，有的人甚至认为"巴黎所需要的不是政权而是自由"，瓦尔兰的提议被驳回了。

公社废除了立法、司法、行政三权分立的机构，建立了军事、财政、粮食、司法等 10 个委员会，又花了几天时间张贴布告，宣布废除面包工人夜班制度、实行政教分离、赋予妇女选举权、减免居民房租等。

马克思 4 月 6 日致信李卜克内西，认为公社在选举、组织上花费了许多时间，而延误了战机。

5 月 11 日，马克思通过一位德国商人向公社传递了一个情报：普鲁士和凡尔赛正在勾结。

5 月 24 日夜晚，凡尔赛政府军占领了完全没有设防的国际广场。5 月 25 日，整个塞纳河左岸落入凡尔赛军队之手。凡尔赛军的进攻遇到了巴黎公社的拼死抵抗。公社战士被包围后遭到屠杀，儿童也不例外。

利沙加勒在回忆录中描述了他所亲历的惨状："巴黎的墙壁不断被榴弹和炸弹炸塌，大石块纷纷落下，死神的手停在每一块铺路石上。"

"在街垒上 / 污浊的血和清白的血 / 混合在一起，流向街心 / 一位十二岁的孩子和成年人们一同就擒。"

这是法国作家雨果的长诗《在街垒上》的开篇。1871 年 6 月，雨果根据巴黎血战亲历者的回忆，以悲伤的笔调，描述了一个公社少年的生命经历。

世界第一位女导演——法国导演爱丽丝·盖伊，根据雨果的长诗，于 1907 年拍摄了无声电影《在街垒》。在这场被称为"五月流血周"的屠杀中，一名 12 岁的公社少年在巷战的街垒旁被捕，当场被判处死刑。少年请求士兵延缓死刑，因为他想把自己的银表给母亲送去，"免得她丧失一切"。士兵一时心生怜悯，同意了少年的请求，但同时嘲笑道，这个逃跑伎俩太幼稚。令士兵想不到的是，少年与母亲告别之后，遵守承诺，喊着"我来了"，再次回到街垒旁，他站在公社社员的尸体旁，轻轻靠在了墙上。

瓦尔兰也没能逃脱这场杀戮。凡尔赛士兵拖着他在蒙马特尔游街长达一个小时，为了枪毙他，才不得不将他放下。根据历史记载，公社战士共有7.29万人在作战中牺牲。公社失败后，有2.98万人被枪杀，6万多人被投入监狱或被流放。

世界上第一个无产阶级政权只存在了72天。

专家观点⊙

巴黎公社只成立了72天，但是，它在历史上的伟大意义是不可磨灭的。马克思十分重视巴黎公社为了保证它真正民主政权的性质采取的一系列革命措施。

——原中共中央编译局研究员顾锦屏

专家观点⊙

这是一次悲壮的失败，失败的原因很多，根本的原因就一条，就是生产方式，尤其是生产力的发展，还没有发展到足以推翻资本主义制度这样一个程度。巴黎公社失败了，但巴黎公社反映的这样一种历史主动性精神，以及自我牺牲的精神，令人崇敬。所以马克思对巴黎公社做了高度评价，认为它是无产阶级革命的开端。

——北京师范大学教授杨耕

巴黎公社失败的第三天，马克思在国际工人协会总委员会上宣读了他起草的宣言，这就是著名的《法兰西内战》。他全面总结了巴黎公社的战斗历程和革命经验，充分肯定了巴黎公社作为世界上第一个建立的无产阶级专政的政权所采取的各项措施，进一步发展了马克思主义关于无产阶级革命和无产阶级专政的学说。马克思高度评价了巴黎公社的伟大意义,他满怀深情地说:"公社的原则是永存的,是消灭不了的;这些原则将一再凸显出来,直到工人阶级获得解放。"

在巴黎公社失败第二天,鲍狄埃写下长诗《国际》。1888 年,比利时裔法国作曲家皮埃尔·狄盖特为长诗《国际》谱曲,并起名为《国际歌》。《国际歌》被译为多种语言传遍世界,成为全世界劳动者和被压迫人民的战斗歌曲。

第十一章
路的奠基

1862 年 7 月的一天，马克思家的房门被邻居敲响了，邻居被一个暴怒的大嗓门惊动，来问马克思的夫人燕妮到底发生了什么。

大嗓门先生叫拉萨尔，是马克思的老朋友，此时正在气头上，因为他的观点，遭到了马克思的尖锐批评。后来在给恩格斯的信中，燕妮如此描述："他像风一样横扫过我们的每个房间，我们的邻居都被这恐怖的声音吓坏了。"当时的燕妮或许会感到有点委屈，为了招待拉萨尔，她刚把家里值钱的东西，一股脑儿地送进了当铺。

"拉萨尔主义"，说白了，就是想跟普鲁士王朝一起搞所谓的"社会主义"就是要工人帮着帝国争霸与对外扩张，帝国帮着工人提高地位，互相理解，最终和和美美。

在 19 世纪的欧洲，工人阶级受到各种思潮的影响，那些在迷雾中探寻出路的人，充满了幻想。然而，幻想从来与马克思无缘。

德国东部第二大城市莱比锡，大诗人歌德对此地情有独钟。这里至今仍是著名的博览会城、书城和音乐城。

然而，100 多年前的莱比锡，书籍与音乐离工人们太远了，他们遭到无休止的压迫与剥削。1863 年 5 月 23 日，这里成立了德国第一个工人政党——全德工人联合会，第一任主席正是拉萨尔。十几天前，他刚与一位大人物达成了"共识"，这次密谈让拉萨尔很满意："我吃了樱桃，而他却吃下了石头。"拉萨尔口中"吃下石头"的大人物，就是后来震撼欧洲的"铁血首相"俾斯麦。8年之后，俾斯麦却将这块所谓的"石头"狠狠砸向了工人阶级。1871年1月18日，德国在普法战争中获胜，俾斯麦在铁血中实现了德国统一。在国内，他颁布了《非常法案》，让工人运动笼罩在了白色恐怖之下。

可惜的是拉萨尔已经没机会反思自己的"主义"了。在与俾斯麦见面的第二年，这位感情丰富的革命家，在一场为爱情的决斗中离世。不过他的路线，却仍不乏追随者。

小城哥达，至今也不过几万人口。1875年，哥达发生了一件大事，德国两大工人派别在此合并。两大派别，一个是德国社会民主工党，因为在德国中部的爱森纳赫城成立，所以又称爱森纳赫派，接受马克思主义指导；另一个就是全德工人联合会，拉萨尔在其中发挥了重要作用，又称拉萨尔派。

1873年爆发的世界经济危机当时席卷了整个德国，工人失业，阶级矛盾激化。德国的两大工人派别迫切需要联合，加强力量。

马克思、恩格斯从不反对两党合并，但强调爱森纳赫派千万别拿原则做交易。

然而在1875年3月中旬的一天，恩格斯带来的消息，让马克思大吃一惊：李卜克内西负责起草了一个充满"拉萨尔主义"观点的合并纲领草案。李卜克内西，既是他们的学生，又是他们的老战友，当时是德国爱森纳赫派的骨干。这是一份在马克思与恩格斯看来，"会使党的精神堕落的纲领"，因为这部纲领里面浸透了"拉萨尔主义"。

马克思为此抱病写了《德国工人党纲领批注》。马克思、恩格斯当时为了工人阶级的联合行动，没有发表公开声明，当时只是将该文在原爱森纳赫派的个别领导人中进行传阅。可是，李卜克内西等人最终没有听进马克思的意见，一味迁就地合并。虽然一时壮大了队伍，却使党的思想理论水平严重下降。

到 15 年后的 1891 年，为反击"拉萨尔主义"的抬头，恩格斯才将该文以《哥达纲领批判》为题首次公开发表。

今天，这篇重要的马克思主义文献仍然熠熠生辉，作为马克思在真理拓荒之路上的重要著作，它让我们看到，一条真正通往科学社会主义的道路是不平坦的。

在《哥达纲领批判》中，马克思批判的焦点之一是，在未来社会制度下，工人是否可以获得全部劳动产品。为此，马克思在预见未来社会发展的基础上，第一次提出了共产主义社会要分为第一阶段和高级阶段两个阶段的理论。

马克思指出："……在资本主义社会和共产主义社会之间……有一个政治上的过渡时期，这个时期的国家只能是无产阶级的革命专政……"其分配方式也主要是以等量劳动领取等量产品的按劳分配原则，这是共产主义社会的第一阶段。只有到了高级阶段，"社会才能在自己的旗帜上写上：各尽所能，按需分配"！

马克思、恩格斯在《哥达纲领批判》等著作中对未来社会主义社会做出了科学预测和设想。但是他们强调，科学社会主义基本原理的运用"随时随地要以当时的历史条件为转移"。马克思主义为科学社会主义的道路奠定了坚固的基石。

专家观点 ⊙

《哥达纲领批判》是马克思论述未来社会的主要著作。在这部著作中，提出了从资本主义到共产主义过渡的理论，共产主义阶段划分理论，概括了共产主义社会的主要特征。他在这部著作中阐述的认识未来社会的方法论和科学社会主义基本原理，对我们建设中国特色社会主义具有根本指导意义。

——首都师范大学马克思主义教育学院院长李松林

千百年来，人类向往没有人压迫人的美好社会。马克思用他的理性与坚忍，拨开重重迷雾，指出必然的历史进程。但前所未有的拓荒之旅，注定走得如此艰辛。

《哥达纲领批判》是马克思晚年抱病写成的，在寄出的这份手稿中，他写道："我工作太忙，已经不得不远远超过医生给我限定的工作量。所以，写这么长的东西，对我来说决不是一种'享受'。"

一度在《哥达纲领批判》中被严厉批评的李卜克内西，是这样描述马克思的：他像孩子一样不会掩饰、不做作，他的脸就是他心灵的窗子。马克思是为数不多摆脱了虚荣的人之一，他的妻子总是称他为"我的大孩子"。

到了晚年，马克思却出现一次少有的"虚荣"。1881 年，英国一家月刊的 12 月号上，发表了一篇称颂马克思的文章，他把这件事写信告诉了友人。信中可以看出，这位向来漠视毁誉的"大孩子"有点得意了，这点从信件的最后一句话中可以看出：最重要的是，我早在 11 月 30 日就接到了这一期杂志，而这篇文章使我亲爱的妻子在最后的日子里得到了一些快乐。你知道，她对这些事情向来是多么深切地感兴趣。

燕妮当时被怀疑得了肝癌，已经卧床不起。马克思得了支气管炎，在床上躺了两个多月。就在隔壁的房间，但是两人三个星期不能相见。有一天，马克思支撑着走到燕妮的床前。

他们的女儿后来回忆道："我永远忘不了那一天早晨，他感到有了气力，可以走到妈妈的房间去。当他们在一起的时候，他们又年轻了——她是一位年轻女孩，而他是一位恋爱中的青年，都刚迈进生活的门槛，而不是即将永别的病魔缠身的老头和即将离世的老妪。"

马克思一生致力于全人类的解放，却从未把挚爱的妻子从拮据与辛苦中解放出来。两人唯一的财富，就是彼此的爱与欣赏。正如马克思年轻时写给妻子的诗句那样："我能在群星之中看到燕妮的名字……"

马克思的妻子燕妮，在 1881 年 12 月 2 日去世。

一年多后，还未从失去燕妮的悲痛中走出来的马克思，也停止了他伟大的思想。伟人已去，留下了大量字迹难辨的手稿没有整理发表，革命事业还要继续。这个任务就留给了他最忠实的朋友——恩格斯。

第十二章
暮年壮怀

　　1883 年 3 月 14 日下午两点多，恩格斯像往常一样去看望马克思。最令他担心的事情终于发生了。65 岁的马克思躺在安乐椅上已经永远地睡去了。写字台上，《资本论》第三卷的手稿还在微风的吹拂下轻轻发出声响。

　　两位并肩战斗了 40 年的朋友，永远地分别了。在伦敦海格特公墓，恩格斯对前来参加葬礼的人们说："这个人的逝世，对于欧美战斗的无产阶级，对于历史科学，都是不可估量的损失。这位巨人逝世以后所形成的空白，不久就会使人感觉到。"

　　马克思逝世后留下的巨大空白，只有恩格斯才能部分地予以填补。

　　难以辨认的几个字母，是马克思《资本论》手稿中随处可见的缩写。这些手稿在德文中还夹杂着英文和法文。有时一个单词，用一种文字开头，却用另一种文字结尾。

　　这些手稿非常复杂，仅关于资本流通过程这一部分就有 8 份手稿，时间从 1865 年到 1881 年，跨度达 16 年之久。

　　马克思生前，《资本论》只出版了一卷，庞大的写作计划没有完成，留下了大量的手稿。而此时恩格斯也已是一位 63 岁的老人，他跟朋友说："这使我特别担心，因为现在活着的人中只有我才能辨认这种字迹、这些缩写的字以及整个缩写的句子。""这需要花费不少的劳动，因为像马克思这样的人，他的每一个字都贵似金玉。但是，我喜欢这种劳动，因为我又和我的老朋友在一起了……"

没过多久，恩格斯就累倒了，一病就是半年。病情刚刚好转，他就通宵达旦地工作。很快，病情又复发了。医生禁止恩格斯伏案工作，他就躺在沙发上口述。在很多只有提纲的地方，恩格斯就根据自己的理解大段填充。

《资本论》第二卷终于在 1885 年 7 月正式出版。恩格斯特意选择在 5 月 5 日为该书写下序言，这天，是马克思的生日。而第三卷，则用了将近十年才得以完成。

恩格斯在致马克思女儿的信中说："不管怎样，我要把整理摩尔的书的工作坚持下去。这部书将成为他的纪念碑……"

列宁后来说，恩格斯在整理《资本论》的时候，无意中也把自己的名字不可磨灭地铭刻在上面了。

《资本论》的广泛传播，使它成为无产阶级进行革命斗争的思想武器。

进行《资本论》第三卷整理工作的恩格斯在 1889 年显得格外忙碌。他在 5 月 21 日写给考茨基的信中流露出了极度疲惫：终于有几分钟时间给你写信，3 个月来把我的全部时间都占掉了。信件来往不绝，东奔西走，吃尽苦头。令恩格斯发出这样感慨的事情，就是他指导建立的第二国际。

早在 1864 年成立的国际工人协会，史称第一国际，是一个国际工人联合组织，宗旨是维护工人阶级的权益，马克思是它的创始人之一和实际上的领袖。在巴黎公社失败后，第一国际于 1876 年宣布解散，成为了历史。

从 19 世纪 80 年代中期开始，欧美各国的工人运动出现了新的高潮，许多国家的无产阶级政党相继创立。

68岁的恩格斯放下手边所有的事情，全身心地投入一项新的工作，即在世界范围内，指导建立一个新的工人联盟。他亲自指导代表大会的筹备工作，"像少年人一样投入战斗"。在恩格斯的指导和推动下，1889年7月14日，法国大革命100周年纪念日这天，国际社会主义者代表大会在巴黎召开，第二国际宣告成立。

专家观点 ⊙

第二国际促进了马克思主义的传播和工人运动的发展。第一次世界大战爆发前，参加第二国际的社会主义政党有30多个，党员356万多人。各国的工会会员达1000万人以上，合作社社员达700万人以上，进一步增强了无产阶级的力量。恩格斯对第二国际的发展有着不可磨灭的功勋。

——中国人民大学教授安启念

忙于整理《资本论》手稿的恩格斯没能出席代表大会，但是来自22个国家的社会主义政党和组织的392名代表齐聚一堂。会议通过了《劳工法案》及《五一节案》，决定以同盟罢工为工人斗争的武器。

五一国际劳动节也在这一天被正式确立，延续至今。

在一个正步入新阶段的资本主义世界面前，这位老人开始重新考量无产阶级斗争的方式。1888年8月，恩格斯在归航的"纽约号"轮船上，写下了《美国旅行印象》，他说，美国是一个"新世界"。此行是他第一次踏上新兴资本主义国家——美国，他参观了纽约、波士顿等城市，还会见了美国工人运动领袖。回到伦敦后，他给朋友写信说："我对美国很感兴趣；这个国家的历史并不比商品生产的历史更悠久，它是资本主义生产的乐土，应该亲眼去实际看一看。"

就在这个资本主义的新世界——美国，1882年出现了第一个托拉斯——洛克菲勒的美孚石油。紧接着，榨油、造酒、制糖、烟草和采煤等领域也都出现了托拉斯。后来，德国、英国和法国也相继出现垄断组织。恩格斯总结说："与这样的发展程度相一致的是，大工业从表面看来也变得讲道德了。"为了缓解阶级矛盾，资本主义国家进行了社会改良，通过普选制、代议制等方式让无产阶级获得了部分民主权利。

德国工人阶级充分利用了1866年实行的普选权。1890年，德国社会民主党人所得选票已增至142.7万张，在议会中拥有35名议员，成为德国强有力的政党。恩格斯称其为利用普选制的榜样。

1895年，恩格斯写下了他一生中最后一篇重要的政治论文《卡·马克思〈1848年至1850年的法兰西阶级斗争〉一书导言》。他在论文中写道："普选权是无产阶级斗争的一种新方式。""……由自觉的少数人带领着不自觉的群众实现革命的时代，已经过去。凡是要把社会组织完全加以改造的地方，群众自己就一定要参加进去，自己就一定要弄明白这为的是什么，他们为争取什么而去流血牺牲。"

专家观点◎

恩格斯晚年根据资本主义的新变化和工人运动的新发展，制定了新的斗争策略，但是始终强调不能放弃革命权，认为革命权是唯一真正的历史权利。

——中国人民大学教授安启念

1895年8月5日，恩格斯因患喉癌与世长辞，享年75岁。遵照他的遗嘱，人们把他的骨灰撒到了他最喜欢的伊斯特本海湾。

李卜克内西在恩格斯的葬礼上说，恩格斯同马克思一起创立了科学社会主义的理论。他们把社会主义从博爱的空想社会主义的九霄云外，转移到坚固的事实基石上，揭示出事物发展规律的秘密，是先驱者，同时也是一个普通的战士。

专家观点 ⊙

马克思、恩格斯认为，社会主义社会和资本主义社会具有决定意义的差别主要包括 5 个方面：一是在生产资料公有制的基础上组织生产，满足全体社会成员的需要；二是对社会生产进行有计划的指导和调解，实行按劳分配原则；三是按照自然规律改造和利用自然；四是建立无产阶级政党领导的无产阶级专政的国家；五是最终向消灭阶级和剥削，实现人的全面而自由发展的共产主义社会过渡。但他们还一再强调，科学社会主义原理的运用随时随地都要以具体的历史条件为转移，坚决反对教条主义。

——中共北京市委宣传部原副部长、研究员崔耀中

1895 年夏天，就在恩格斯去世的两周前，一名俄国青年从伯尔尼来到巴黎，请求拉法格夫妇介绍他拜会恩格斯，由于此时恩格斯病情已经恶化，这位青年未能如愿。他，就是日后领导俄国无产阶级进行十月革命、建立起人类历史上第一个社会主义国家的列宁。历史错失了一个重要的时刻，但是，一个新的篇章就要打开。

第十三章
世纪曙光

　　1887 年 12 月，俄国喀山大学一位入学不久的 17 岁学生因带头闹学潮被捕。在被送往监狱的途中，押解他的警察局局长讥讽这位青年："我不明白，你为什么要起来造反？要知道你的面前是一堵墙，你不是在用脑袋往墙上撞吗？"青年用冷冷的语言反击道："是一堵墙，不过是一堵朽墙，只要一推就倒的，我们要从上面跨越过去！"

　　这位大学生就是弗拉基米尔·伊里奇·乌里扬诺夫，他后来使用的笔名叫列宁。他无忧无虑的少年时代在 16 岁戛然而止。1886 年，列宁的父亲因劳累过度突发疾病去世。他的哥哥因参与刺杀沙皇，被捕后被绞死。17 岁的列宁在悲愤中开始审视沙皇俄国这堵摇摇欲坠的暗夜朽墙。

　　1887 年初春的伏尔加河畔依旧寒冷，当令人悲痛欲绝的消息传到这个普通的家庭时，与哥哥感情极深的列宁却始终没掉一滴眼泪。他安慰母亲说："我们必须走另一条道路。"

　　列宁以几乎每科满分的成绩中学毕业，申请进入喀山大学法律系。因为哥哥的罪名，喀山大学校长对于是否录取他非常犹豫，特地批示"待收到鉴定后再说"，而他的中学校长却在鉴定书上给予了他极高评价，"天分极高，一贯努力认真"，因此列宁才没被大学拒之门外。大学一年级，列宁因为领导了反对沙皇的集会遭到开除，并被流放。

1891 年，列宁以校外生的资格，参加了彼得堡大学法律系的国家考试，获得了优秀毕业文凭。哥哥的经历让他认识到，要改变这个社会仅仅靠密谋和暗杀是不行的。1892 年，列宁在萨马拉组织了当地第一个马克思主义小组。

1893 年，列宁来到了当时俄国的政治中心彼得堡。他留着胡子，目光冷峻而坚定，做事十分果断。此时的列宁才 23 岁，可看上去像 40 岁，几乎所有过去认识他的人，都认不出他了。在彼得堡，列宁以做律师助理为掩护，开始整合当地的马克思主义小组，建立了彼得堡工人阶级解放斗争协会，同时积极参加和领导工人运动。

这个组织创办了一份名为《工人事业报》的革命报纸。然而，1895 年 12 月 20 日，列宁正在与会员讨论创刊号稿件时，再次被捕。

在狱中，列宁开始写作《俄国资本主义的发展》一书。他把文字用牛奶写在书籍或杂志的每行字中间，它们被带出监狱以后，在火上一烤，就能看见字了。为了不让狱警发现，列宁把面包捏成小"墨水瓶"，倒一些牛奶在里面，蘸着写作。一有危险就马上把它吞下去，不走运的时候，曾经一天吃过 6 个"墨水瓶"。

19 世纪最后 3 年，列宁是在西伯利亚流放地度过的，这是一个只有寒风和冰雪的荒芜世界。列宁住在舒申斯克村一间小农舍里，四周堆满了牲口粪。而他革命思想的利刃，却在磨砺之下愈见锋利。在这里，列宁除了完成《俄国资本主义的发展》这部 40 万字的巨著，还写了 30 多篇理论文章。越来越多的人开始知道这位才华横溢的马克思主义青年理论家。

列宁在实际斗争中越来越认识到组织一个马克思主义革命政党的重要性。他说："给我们一个革命家组织，我们就能把俄国翻转过来！"

1898 年，俄国社会民主工党在明斯克召开了一大，但是很快遭到镇压。党实际上还没有建立起来。列宁感到只有在国外办报，通过报纸统一思想，才能把全国的力量联合起来，为建党做充分准备。他说，在国外出版的全俄报纸可能就是这样一种方式：像搭在新造建筑物四周的脚手架一样，党将以这个报纸为脚手架建立起来。

1900 年 7 月，流放结束的列宁离开俄国，前往西欧筹办报纸。1900 年 12 月 24 日，俄国社会民主工党的第一份机关报——《火星报》——在德国莱比锡创刊。

在列宁的倡议和指导下，俄国各地成立了支持《火星报》的小组和报纸代办员，他们为报纸提供通讯稿件、材料、资金等，翻印传播报纸上的文章。报纸通过各种方法，如夹在衣服里、皮箱里，或者伪装成书皮等运回俄国，甚至还通过水手把报纸用油布卷起来，投到海里，再由其他人打捞上来。《火星报》周围逐渐形成了一大批党的坚强骨干。正如报纸刊头上所印的"星星之火，可以燃成熊熊烈焰"。

1903 年 7 月 30 日，在比利时布鲁塞尔一个旧仓库里，俄国社会民主工党第二次代表大会开幕了。

当大会讨论到"要建立什么样的党"的问题时，列宁和另一位《火星报》编委，他的老同学马尔托夫之间发生了激烈的争论。列宁主张创建一个有严格纪律、集中统一的革命政党，而马尔托夫则要建立一个松散的、只要认可党纲就可以入党的组织。列宁用多达 120 次的发言，来阐述和捍卫他的建党学说。

在选举党的领导机构时，拥护列宁的一派占了多数，被称为布尔什维克，这是俄语的音译，是多数派的意思。马尔托夫派属于少数，被称为孟什维克，也就是少数派。

因为一大没有形成党纲、党章，所以从二大开始才算是真正意义上的建党。后来列宁说："布尔什维主义作为一种政治思潮，作为一个政党而存在，是从 1903 年开始的。"由此，一个新型的、与西欧社会民主党根本不同的无产阶级政党诞生了，这也标志着列宁主义的诞生。

1905 年 4 月，布尔什维克在伦敦召开了"俄国社会民主工党第三次代表大会"，而孟什维克也独立召开了自己的会议，两派正式走向分裂。1912 年，在捷克斯洛伐克的布拉格召开的党的第六次代表会议上，孟什维克被清除出党。布尔什维克成为独立的无产阶级政党，称为俄国社会民主工党（布尔什维克），会议选出了以列宁为首的中央委员会。

1914 年 7 月 28 日，奥匈帝国在德国的支持下，以皇太子被刺杀为由，对塞尔维亚宣战。3 天后，德国向俄国、法国宣战，英国向德国宣战，第一次世界大战爆发。战争发生后，绝大多数的欧洲社会民主党都转而支持本国政府，奉行社会沙文主义政策。这促使列宁与第二国际的主流派决裂。

为了揭露这场战争的本质，迎接即将到来的革命高潮，列宁对帝国主义进行了全面系统的研究。在瑞士伯尔尼，列宁在两年的时间里，查考了数百种文献资料，写了 20 本关于帝国主义的笔记。他呼吁农民和工人不要为资产阶级发动的"帝国主义战争"流血卖命，主张将这场战争转变为国内战争，转变为无产阶级与资产阶级之间的阶级战争。1916 年春天，列宁出版了《帝国主义是资本主义的最高阶段》这部划时代的巨著，总结了《资本论》问世后半个世纪资本主义的发展，指明资本主义已经发展到一个新的阶段——帝国主义阶段，是对马克思主义学说的重大发展。

专家观点 ⊙

马克思和恩格斯在19世纪中叶曾经明确表示，社会主义革命"是将在一切文明国家里，至少在英国、美国、法国、德国同时发生的革命"。列宁根据帝国主义时代世界形势的发展变化，创造性地提出社会主义可能在一国或数国首先取得胜利的理论。这就为俄国革命有可能率先取得胜利提供了理论根据。

——中国人民大学国际关系学院教授李景治

1917年3月（俄历2月），俄国二月革命爆发。工人暴动、沙皇退位，彼得格勒和莫斯科的工兵苏维埃形成了一个决议：立即请列宁回国。

列宁等30多人回国途中，在斯德哥尔摩，因为列宁穿得太寒酸，饭店竟然不让他进，门童觉得他像个小学教员。这时，一位瑞典陪同人员意味深长地对门童说："荣耀与光荣属于这个小学教员，因为他马上要去打扫历史的垃圾堆。"

第十四章
冬宫炮声

2008 年 4 月 5 日，北京奥运圣火在俄罗斯圣彼得堡进行传递，火炬传递的重要一站，是阿芙乐尔号巡洋舰。1948 年，阿芙乐尔号巡洋舰正式退役，永远停泊在涅瓦河畔，供社会参观。1957 年扩建为中央海军博物馆分馆。整整一个甲子之后，这艘昔日传奇的战舰，被熊熊燃烧的祥云火炬再次照亮。

阿芙乐尔号巡洋舰全长 124 米，1900 年下水、1903 年编入现役。在俄罗斯的历史上，它战功卓著。1917 年，十月革命的一声炮响，就是从这艘军舰上发出的。"阿芙乐尔"是古罗马神话中的"司晨女神"，她能唤醒沉睡的人们，送来灿烂的曙光。

1917 年 3 月 8 日，也是俄历 2 月 23 日，彼得格勒买不到面包的人们愤怒地举行罢工和游行，而沙皇派去镇压的首都卫戍部队拒绝执行开枪命令，临阵倒戈。短短一个星期之后，沙皇尼古拉二世签署退位诏书，统治俄国长达 304 年之久的罗曼诺夫王朝寿终正寝。这就是俄国历史上的二月革命。此时正在瑞士苏黎世流亡的列宁，决定立即返回祖国，领导社会主义革命。

二月革命爆发后，俄国出现了两个政权并立的局面——资产阶级临时政府和由社会革命党人、孟什维克控制的工兵代表苏维埃。苏维埃掌握着武装力量，在人民的支持下本可以完全掌握国家政权。但社会革命党人和孟什维克的领导人却采取了妥协政策，甘心依附于临时政府。

专家观点⊙

社会革命党人和孟什维克的领导人之所以甘心政权旁落，是因为他们错误地认为在俄国这样一个经济落后的国家，民主革命的目的是为资本主义的充分发展扫清道路，社会主义政党只需对资产阶级政府施加压力，以争取实现工人阶级的利益诉求。

——中央社会主义学院教授甄小英

回到彼得格勒次日，列宁在布尔什维克党的会议上发表了重要演说，明确表示革命的第一阶段——资产阶级革命已经结束。在第二阶段，必须把政权交给无产阶级和贫农。但列宁并未要求马上建立纯粹的工人革命专政，而是提出全部政权归苏维埃的口号，主张以和平的方式，将政权从临时政府手中接过来，向社会主义革命过渡。

后来，列宁将演说内容发表在《真理报》上，这就是著名的《四月提纲》。

在俄国重大的历史选择关头，以列宁为首的布尔什维克党提出了深得人心的"和平、土地和面包"的口号，不仅绝大多数民众站到了布尔什维克一边，而且大多数孟什维克和社会革命党人也靠近了布尔什维克。

资产阶级临时政府决定继续参加帝国主义战争。7月初，俄军在西南前线向德国和奥匈帝国军队发动进攻，遭遇惨败。当俄军死伤6万多人的消息传回国内，17日，彼得格勒再次爆发大规模的示威游行。临时政府命令反动军队开枪镇压，死伤达700多人。

大屠杀后，临时政府改组，社会革命党人克伦斯基登上临时政府总理宝座，下令解除首都工人武装，大肆搜捕示威游行参加者，并查封了布尔什维克报纸，白色恐怖再次笼罩俄国。布尔什维克和平取得政权的尝试失败了。

列宁和临时政府总理克伦斯基是同乡。他们都出生在俄国伏尔加河中游的辛比尔斯克。克伦斯基比列宁小11岁，列宁的父亲是省国民教育总监，而克伦斯基的父亲是列宁中学时代的校长、语文老师，两家人很熟悉。就是这个"同乡"，给列宁扣上"德国奸细"等罪名，全国通缉，甚至下令"发现列宁就地枪决"。列宁被迫秘密藏身在彼得格勒郊区的拉兹里夫湖畔，后来又转移到芬兰的一个小镇。

然而，克伦斯基的"好日子"并不长。9月，临时政府军队总司令科尔尼洛夫发动叛乱，要求临时政府辞职交权。走投无路的克伦斯基只好乞求布尔什维克抗击叛军。

列宁审慎分析了时局，认为如果科尔尼洛夫阴谋得逞，革命党人将面临一个更加凶残的敌人；如果善用敌人之间的矛盾，则反而有可能争取到对革命最有利的局面。

布尔什维克党中央采纳了列宁的意见。彼得格勒4万多武装工人和2万多卫戍部队开赴前线，粉碎了科尔尼洛夫叛乱。比时形势大变，包括彼得格勒、莫斯科在内的156个城市的苏维埃都拥护布尔什维克党。这个时候，革命起义的条件成熟了。

这是列宁在1917年10月23日所写的关于武装起义的决议。此前，列宁两次致函党中央，但分歧严重的布尔什维克党的领导层并没有接受到列宁立即举行武装起义的主张。而此时，刚刚逃过一劫的克伦斯基已经着手集结各处反动力量，并勾结外国武装势力，蓄谋向布尔什维克发难。英国的《泰晤士报》发表社论，十分露骨地说："医治布尔什维克的良药就是枪弹。"

革命时机稍纵即逝，远在芬兰的列宁无比焦急。10 月 20 日，列宁化名"伊万诺夫"，扮成火车司炉工，秘密返回彼得格勒。29 日，扩大的布尔什维克党中央委员会会议一直开到第二天凌晨，最终以 19 票赞成、4 票弃权、2 票反对的表决结果，通过了立即举行武装起义的决议。

投反对票的两个人，就是当时中央政治局委员加米涅夫和季诺维也夫。令人意想不到的是，就在会议结束的第二天，《新生活报》发表了加米涅夫的一封信，信中说："不仅是我和季诺维也夫同志，还有一些实际工作的同志都认为，在苏维埃代表大会召开的前几天来发动武装起义，是一个不能允许的置无产阶级和革命于死地的步骤。"

起义的秘密就这样被泄露了。列宁愤怒地斥责说：这是"卑鄙的叛变行动"，是"可耻的工贼行为"。

消息泄露的当晚，克伦斯基紧急集结士官学校学生，拼凑了几万人，并急令前线部队赶回。11 月 5 日夜，克伦斯基下令城外的哥萨克骑兵整装待发。

敌人已经动手了，但负责起义的托洛茨基还在犹豫，还在等待召开苏维埃代表大会做出武装起义的决定。

情况万分危急。列宁深知临时政府的前线部队一旦调回，革命将遭遇被绞杀的危险。他立即致信中央委员会："拖延起义等于自取灭亡。""等待会丧失一切！"

蹊跷的是，秘密交通员拿着十万火急的信件出发后，却迟迟不见起义指挥部的回音。于是，列宁步行一个多小时赶到斯莫尔尼宫。列宁的到来，及时结束了一场关于是否举行起义的争论。

彼得格勒的斯莫尔尼宫，最初是一所贵族女子学堂，在革命的前夜，它成为武装起义的指挥中心。

公元1917年11月7日,晚上9时40分,起义前线指挥部下达命令,停泊在涅瓦河上的阿芙乐尔号巡洋舰152毫米口径的空包弹被推入炮膛,随着"轰"的一声巨响,攻打冬宫的信号发出了。

听到炮声,士兵、工人赤卫队潮水般地冲进冬宫。此时,克伦斯基政府从前线急调的军队尚未赶到,而留守在彼得格勒的武装力量,根本无法阻挡起义队伍排山倒海的攻势。起义军逮捕了最后一届临时政府的部长,克伦斯基则乘坐美国大使馆的汽车化装逃跑了。

11月7日晚,全俄苏维埃第二次代表大会在斯莫尔尼宫召开,大会宣读了列宁起草的《告工人、士兵、农民书》,宣布临时政府已被推翻,代表大会已经掌握了国家政权。大会选举产生了苏维埃中央执行委员会,成立了苏维埃政府人民委员会,列宁当选为人民委员会主席。

专家观点 ⊙

十月革命的重要意义是建立了世界上第一个社会主义国家,使科学社会主义由理论成为现实,开创了人类历史的新纪元。

十月革命推动了国际共产主义运动的发展,推动了中国等国家反帝反封建的民族民主革命运动。正如毛泽东指出的"十月革命一声炮响,给我们送来了马克思列宁主义"。

——中央社会主义学院教授甄小英

第十五章
再造国际

　　蓝图中的莫斯科红场，透过克里姆林宫尖耸的塔楼，一件巨型雕塑惊世矗立。

　　这是一座通体由铁和玻璃材质构成的塔，由立方体、角锥体和圆柱体所组成的内部空间，昼夜不停地旋转着，是一座向全世界发布消息和宣言的新闻媒体基地。这座比埃菲尔铁塔还要高 100 米的建筑，呈螺旋形向上升腾，寓意革命运动的轰轰烈烈。它有一个显赫的名字——"第三国际纪念塔"。

　　1920 年，被称为"构成主义"艺术奠基人的俄国艺术家塔特林受苏维埃政府的委托，设计了这座惊世之作——"第三国际纪念塔"。虽然这个令人惊异的设计只是被做成模型，陈列于莫斯科特列季亚科夫画廊，但它升腾的形象却记载着一个昔日的宏大理想。

　　在第一次世界大战爆发后的 1914 年 8 月 4 日，第二国际中最强有力、最有影响的党——德国社会民主党在议会中投票赞成战争拨款，此后，第二国际多个政党纷纷表态支持本国政府参加战争。第二国际引以为豪的"全世界无产者联合起来"的口号被抛弃了。列宁在听到德国通过军事预算案消息后宣布：第二国际已死，第三国际万岁！

　　1914 年 10 月，俄国社会民主工党中央委员会发表由列宁起草的《战争和俄国社会民主党》的声明，率先提出了建立新国际的任务。

列宁指出："无产阶级的国际没有灭亡，也不会灭亡。工人群众定将冲破一切障碍创立一个新的国际。"

列宁目睹了一个拥有近 30 个社会党，工会会员达 1000 万人以上，合作社社员达 700 万人以上的庞大的第二国际，怎样一步步走向破产。从那时起，列宁就开始了在第二国际废墟上建立新国际的努力。这种努力在十月革命后获得了巨大进展。

十月革命胜利后，随着苏维埃政权的建立与巩固，俄国日益成为国际工人运动的中心，推动欧美工人运动迅速高涨。1918 年 1 月，芬兰工人赤卫队推翻资产阶级政权，宣布成立人民代表委员会。同时，德国工人发动"一月革命"，最终发展成十一月革命。这时匈牙利也出现了全国性的总罢工，罢工者高呼"苏维埃联邦社会主义共和国万岁！"在此前后，罗马尼亚、南斯拉夫、波兰也爆发了大规模的革命运动。美、英、法、意等发达国家的工人罢工运动和人民革命斗争也蓬勃展开。

"革命需要真正的革命党"，在列宁和俄共(布)支持下，阿根廷、芬兰、奥地利、匈牙利、希腊、波兰等国相继成立共产党，多个国家的左派社会党人建立了共产主义组织。1918 年 12 月，斯巴达克同盟从德国社会民主党中分化而出，成立德国共产党。以此为标志，建立共产国际的条件已经成熟了。12 月 24 日，俄共(布)中央委员会发出建议成立共产国际的电报，得到各国共产党的积极响应。

1919 年 2 月，奥地利人施泰因·哈特，以流浪帮工的身份，冒着生命危险，步行穿越封锁线，他的心头充满着一个心愿——我们必须到达莫斯科。他最终用了 17 天的时间，从维也纳赶到莫斯科。

1919 年 3 月 2 日至 6 日，来自欧洲、美洲、亚洲 21 个国家的 35 个政党和组织的 52 名代表，克服干涉、封锁、内战、交通破坏等各种困难，出席了共产国际的成立大会。

列宁在会上宣读了《关于资产阶级民主和无产阶级专政的提纲》，并就提纲的内容做了报告。会议通过了《共产国际行动纲领》《共产国际宣言》《告世界工人书》《关于组织问题的决议》等重要文件，成立了共产国际执行委员会，并选举列宁等5人组成执行局。成立大会上也出现了两位中国人的身影，刘绍周和张永奎。会议期间，列宁接见了身为旅俄华工联合会会长的刘绍周，他也成为列宁最早接见的中国革命者之一。

11月19日，列宁在克里姆林宫再次接见刘绍周。交谈中，刘绍周想就华工联合会的活动让列宁协助，列宁立即用红墨水在外交人民委员部所发的证明书上写了一句话："务请各级苏维埃政权机关和主管人员对刘绍周同志给予一切协助。"这句话，传递出列宁对中国的关注。

1920年7月19日至8月7日，共产国际第二次代表大会在莫斯科召开。大会通过的列宁关于《民族和殖民地问题提纲》，系统论述了民族和殖民地革命的理论，对后来中国共产党制定民主革命纲领起了重要的指导作用。大会通过的《共产国际章程》，提出了著名的加入共产国际的21个条件，特别强调，必须服从共产国际领导，必须按照民主集中制建党，必须改名为共产党，而且必须作为共产国际的一个支部，必须承认无产阶级专政等等。

1920年，刘绍周加入了旅俄华侨组成的俄国共产党华员局。作为代表，他又参加了共产国际二大，在会议上介绍了中国革命情况。尽管长期旅居俄国，刘绍周对国内情况的了解并不完全准确，但他的发言对共产国际了解中国、重视中国起到了推动作用。

专家观点 ⊙

　　共产国际是列宁和俄国布尔什维克党倡导建立的，从一开始就接受了列宁的思想。这大大提高了共产国际的凝聚力和战斗力，在各国共产党刚刚建立、尚未成熟时，对于推动国际共产主义运动有着重要意义。

——原中共中央编译局研究员李其庆

　　在列宁的影响下，共产国际二大制定了民族殖民地问题的方针政策。1920年9月，来自中国、印度、土耳其等国的30多个民族的代表出席了东方民族代表大会。大会开幕词中提出"全世界无产者和全世界被压迫民族联合起来"的口号。从此，东方被压迫民族的解放斗争，同西方无产阶级的革命斗争结合起来。

　　然而，共产国际的生存仍然面临着严峻的挑战。共产国际第二次代表大会的报告中写道：在美国，第三国际的拥护者遭到火和剑的迫害，逮捕事件成千上万起的发生。在奥地利，白色社会民主党人长期来以最残酷的方式迫害第三国际的拥护者。在匈牙利，就连被怀疑为同情共产国际的人也要遭到杀害。在爱沙尼亚、拉脱维亚、波兰等地，白色社会民主党人完全公开地扮演着杀害共产党人的刽子手角色。

　　1921年6月，共产国际第三次代表大会在莫斯科召开，北平《晨报》年轻的特派记者瞿秋白到会采访，休会期间他正在走廊的一端吸烟时，隔着淡淡的烟雾，突然看见列宁从走廊的另一头走来。他急忙上前和列宁打招呼，当列宁得知瞿秋白来自中国时非常高兴，他说："俄国人民，当然也包括我自己在内，一致认为中国是我们在世界上最亲密的友邦，我们两国人民面临着协力抵抗帝国主义侵略和欺骗的共同任务。"瞿秋白兴奋之中写下："政治生活的莫斯科这次才第一次给我以深切的感想。"

在三大、四大会议上，共产国际领导和指导各国党建立工人统一战线，争取大多数工人群众，在东方的殖民地半殖民地国家，无产阶级开展了联合农民、小手工业者和资产阶级等一切民族力量，共同建立反帝统一战线的工作。

专家观点⊙

共产国际成立以后，在各大洲许多国家，帮助无产阶级建立共产党组织，协助培养革命骨干，加速了这些国家共产党的成长。到20世纪20年代初，全世界已有40多个国家建立了共产党，国际共产主义运动突破了欧洲和北美洲的范围，扩展到了大洋洲、南美洲、亚洲和非洲，真正具有了世界规模。

——原中共中央编译局研究员李其庆

列宁逝世后，共产国际继续指导和帮助欧美的革命运动和殖民地半殖民地国家的民族解放运动，推动世界人民的反法西斯斗争，但也逐渐朝着把苏联经验神圣化、一切听从俄国党指挥的方向演变，在不同时期、不同阶段上犯过许多错误。随着各国共产党的成长并日益成熟，共产国际高度集中的组织形式已不再适应各国革命斗争的需要。1943年6月，为了推动建立世界反法西斯战争的统一战线，共产国际宣告解散。

第十六章

硝烟铁腕

1918年8月30日傍晚，列宁在莫斯科米赫里逊工厂参加完一个群众集会后，被工人们簇拥着向会场外走去。兴奋的人群涌动着，簇拥着，一个男人高喊道："大家不要挤，让列宁同志先走！"就在此时，突然响起了3声枪响，列宁应声倒地。第一枪射中了他的左肩，第二枪射中左胸并穿颈而过。

刺客是一名女性社会革命党成员，但她表示幕后无人指使，完全是个人行为。子弹并没有刺穿左肺，但血液流入了肺部，情况依然十分危急。经过一夜手术，列宁终于闯过了鬼门关。

十月革命刚刚取得胜利，新生的苏维埃政权依然危机四伏。国内的社会革命党人拒绝苏维埃政权与德国签署停战协议，发起了一系列恐怖暗杀行动；英、法、美等国政府则对苏维埃政权感到无比恐惧，采取策动内乱、经济封锁、武装干涉等一系列手段，企图将它扼杀在摇篮中。新生的苏维埃政权，将如何在严酷的环境中生存下来呢？

从1918年夏季开始，俄国到处燃起了战火硝烟。英、法、日、美等协约国武装干涉军和各路前沙俄将领率领的白军开始对红色政权全面围剿，数条战线绵延1万多公里。至列宁遇刺，苏俄3/4的领土已经沦陷。

为了打赢这场殊死的战争，列宁采取了非常手段。1919年，前沙俄将军高尔察克、邓尼金先后进攻莫斯科时，布尔什维克党动员了1.5万名党员、36万名工人补充到前线，吸收了20万觉悟高的士兵、工人、农民入党。

当时发给党员的手册上有这样一句话：共产党员只有一项特权——最先为革命而战。人们的见面语是："你报名参加志愿军了吗？"在共青团委员会的门上写着："全体团员上了战场，团委停止工作。"

列宁首先要面对的严酷事实是粮食危机。苏维埃政权失去了乌克兰、伏尔加河流域等主要产粮区，前线厮杀的红军战士和后方的群众都面临着断粮的危险。

俄国在持续数年的第一次世界大战中已经民穷财尽。国内战争爆发之后，原首都彼得格勒当时每人每天只有50克面包的口粮，诗人奥西普充满悲伤地写道："彼得堡在光荣的贫困中奄奄一息。"

而新首都莫斯科的情况也极为严峻。1918年3月11日迁都当天，列宁写下了《当前的主要任务》一文。他怀着复杂的心情，将诗人涅克拉索夫的诗句作为这篇文章的题词：你又贫穷，你又富饶，你又强大，你又衰弱，俄罗斯母亲！5月9日，人民委员会发出了由列宁签署的信件："红色首都因饥荒处于死亡边缘。"

专家观点 ⊙

在物资极为匮乏的情况下，全党工作围绕着军事斗争展开，保证战争需要成为当务之急。列宁在同白卫军和外国武装干涉势力的斗争中认识到了一点，要使苏维埃俄国成为实际上的一个大军营，必须实行铁的纪律，必须建立大量的国家粮食储备。战时共产主义政策就是在这样一个背景下诞生了。

——北京大学国际关系学院教授曹长盛

这张照片中的年轻人尽管身穿军装，肩挎钢枪，但他们的身份并不是军人，他们大多数来自彼得格勒、基涅什马的工厂。在 1918 年 5 月 13 日至 27 日间，他们曾收到列宁的来信，信中说，革命形势是危急的，除了工人，没有谁能拯救革命。现在为粮食斗争，就是为苏维埃政权、为社会主义斗争。6 月 3 日，彼得格勒的工人组成了第一支粮食征集队。

根据当时苏俄中央统计局公布的数字，26 个省的城市用粮有一半掌握在投机商手里。那时 1 普特粮食的国家征购价是 6 卢布，在黑市上则卖到了 200 多卢布。

1918 年 8 月 4 日，列宁及粮食人民委员瞿鲁巴签署《关于收割队和征粮队的法令》，明确粮食征集队的任务是：在从前地主的庄园上收割冬季作物，在分明无疑是富农的土地上收割庄稼，在靠近前线的地带收割庄稼，在各地及时帮助收割庄稼并把一切余粮上交国家仓库。

1919 年 1 月 11 日，苏维埃政权颁布的有关余粮收集制法令愈加严厉，其中规定：凡有余粮而不上交者，一律宣布为人民的敌人，并处以十年以上徒刑，甚至永远驱出村庄。随着战争危机的加剧，征粮工作开始出现过激行为。来自西伯利亚辛集列耶夫乡的一封征粮队报告称："向农民收粮进展糟透了。我们所去的那个乡已被征集了 5 次，粮食全没有了。"

与余粮征集同时进行的是取消自由贸易，先是粮食和饲料，后来是肉类和土豆，最后扩大到一切生活用品，都由国家垄断和统一分配。根据史料显示，1920 年 3 月的 1 个月内，一名工人只得到 5 俄磅面粉和 3 盒火柴。

即便是粮食人民委员瞿鲁巴本人，也处在连日的饥饿中。莫斯科喀山机务段在给党员们的一封信中这样写道：昨天，我们敬爱的粮食人民委员瞿鲁巴同志晕倒在会场上，他拥有调拨几千万普特粮食的权力，却没有留下能填饱自己肚子的哪怕一小口。在这封信中，机务段党委号召全体党员利用周六进行义务劳动，帮助国家度过战时经济危机。

自此之后，义务劳动在多个城市陆续开展，列宁赞之为伟大的创举。在中国，许多与共和国年龄接近的人，都还记得当年小学课本上讲述的故事：那天是 5 月 1 日劳动节，列宁一大早就来到了义务劳动的工地。在和一位小伙子抬木头时，列宁硬要扛粗的一头，小伙子说："我才 28 岁，可是您已经 50 岁了。"列宁诙谐地说："既然我年纪比您大，那么您就别跟我争了。"

布尔什维克把战斗与牺牲作为那个年代最高的生命价值。1920 年底，终于粉碎了邓尼金部队，全歼高尔察克军队。11 月 17 日，红军解放克里木半岛。至此，苏俄内战和外国武装干涉基本结束，苏维埃政权取得了国内战争的最后胜利。

在三年的浴血奋战中，苏俄人民为苏维埃政权的生存和巩固付出了巨大代价。

战时共产主义政策对保证国内战争的胜利起了很大的作用。广大工农群众为此付出了沉重代价。如果说为了战争他们还能理解和承受的话，那么到了战争基本结束之后，他们已经不能再忍受了。

但是，当时很多非常措施不但没有收缩，反而进一步加强，如余粮征集制扩大到棉花等农副产品，国有化开始推广到小企业，还要进一步取缔私人贸易活动等。在当时一些人看来，这是恢复经济和向共产主义过渡的措施。

奥格涅茨省的一个农民在给列宁的信中写道："与穷凶极恶的

资产阶级强盗的斗争已经三年了，而这一切都给我们带来新的沉重负担……我们，毫无怨言地承受着这些重担；但是，1920 年对余粮征集额的增加，这是我们无力负担的，农村缺少鞋子、衣服和日用品。"

专家观点 ⊙

就当时的历史背景来看，战时共产主义政策是战争时期的一个非常措施，但试图通过它直接过渡到共产主义，是不成功的。片面地强调生产关系的变革，急于消灭资本主义经济成分，过早地否定商品货币关系，那就完全是错误的了。列宁敏锐地看到了这一点，认为必须及时调整政策。

——北京大学国际关系学院教授曹长盛

列宁把农民的来信和建议看作是反映农民情绪的"晴雨表"，认为这是在政府工作报告中永远读不到的"文件"。1921 年春，列宁先后接见了大批来访的工人、农民和士兵。对于反对之声，他表示要用实践经验来检验迈出的每一步，不怕纠正错误。

列宁对战时共产主义政策做了历史性的总结，"当时所处的战争条件下，这种政策基本上是正确的"。但是，在战争基本结束以后继续强化这些政策，"现实生活说明我们错了"。1921 年 3 月，俄共（布）第十次代表大会在莫斯科召开，列宁从实际出发，对党的政策进行了重大调整。

第十七章
新政繁荣

1921 年 3 月 1 日，对处于高纬度的苏俄来说，依然极度寒冷。然而，在彼得格勒以西 29 公里的喀琅施塔得港，却是群情激奋。

十月革命爆发的时候，这里的水兵营立下了赫赫战功。而就在苏维埃政权刚刚建立的第四个年头，他们却要掉转枪口，要求以无记名投票的方式改选苏维埃，提出"不要布尔什维克政权""要自由贸易"等口号。这是一场兵变。

面对突如其来的兵变，年轻的苏维埃政权又将如何渡过难关？这一切都摆在了列宁的面前。

在严酷的现实面前，列宁陷入了久久的沉思：为什么在白色恐怖时期和艰苦卓绝的战争年代，人民甘冒杀头、坐牢的危险，勒紧腰带跟着布尔什维克走。而在用鲜血与生命换来和平之后，布尔什维克为什么却面临着被人民抛弃的危险？

经过深入的考察，苦苦的思索之后，列宁终于找到了答案。他首先要做的便是停止"战时共产主义"政策，取而代之的是实施新的经济政策。然而，新经济政策能够成为化解危机的灵丹妙药吗？能否让已是千疮百孔的国家重获生机呢？

国内战争结束后，想直接过渡到共产主义的苏维埃政权，依然延续着战争时期实行的余粮征集制。这使得农民对种粮丧失了兴趣，粮食产量下降，征粮队与农民之间的冲突加剧。对苏维埃政权失望和不满的情绪在农民中蔓延并持续发酵，发生了遍及全国的农民骚动，最终演变成了喀琅施塔得港水兵——这群穿上了军装的农民的暴乱。

1921 年 3 月 8 日，在俄共第十次代表大会上，列宁作了《关于以实物税代替余粮征集制》的报告，当天，报告顺利通过。13 天后，全俄中央执委会一致通过了相应的法令。

1921 年全俄肃反委员会的绝密档案里记录了苏俄实施粮食税后农村社会的反响，"好转""支持""改善""满意""信任"等词汇频频出现。农民暴乱和不满情绪迅速平息下来，为了获得更多的余粮来进行自由买卖，他们开始自觉地扩大耕种面积。

那一年的春天，当伏尔加河畔的农民正准备开始播种的时候，他们听到了政府发出的有关粮食税的法令和减轻农民负担的宣传口号。从 1921 年到 1922 年，中央向全国农民征收的粮食税税额将不超过 2.4 亿普特，这个数量比上一年减少了 43.3%。更让农民们欣喜的是，政府的新法令规定，纳税后的余粮可以自由支配，进行实物交换，这在 1921 年之前是根本无法想象的事情。

专家观点 ⊙

新经济政策的实质，就是从俄国小农占优势的客观实际出发，实行向共产主义迂回过渡的政策，这极大地刺激了农民的种粮积极性，从而有效地促进了农业生产的恢复与发展。

——北京大学国际关系学院教授黄宗良

为了让生产发展起来，物质丰富起来，国家开始支持私人小工业企业的发展，或者将小企业归还企业主，或将小企业通过租赁合同，租给私人企业家或者合作社经营。不仅如此，国家还将那些无力经营和开发的厂矿、森林、油田等,也按照一定条件租让给外国资本家经营。

实物交换很快就过渡到自由贸易。1921 年的秋天,苏维埃政权宣布恢复国内自由贸易,货币重新成为流通媒介。这个政策一经实施,乡村的大街小巷一改往日的沉寂,变得热闹起来,每逢星期日一些大的村庄开始举办传统的集市活动,场面热闹非凡。

商品交换调动了人民的积极性,有力地推动了经济发展。新经济政策实行的第一年就取得十分显著的成效。1922 年,全国工业总产值增长了 36.6%,农业尽管遭受了自然灾害,但谷物生产量仍增加了 20%。它使苏联很快就摆脱了严重的经济和政治危机。整个国家的经济在新经济政策的实施中逐渐复苏。

如何引来外国资金和技术,成为摆在列宁面前的难题。因为当时欧美等发达国家对新生的苏维埃政权十分仇视,一心想把它扼杀在摇篮之中。美国不仅在外交上拒绝承认它,而且连旅游签订都给予排斥。在这样的处境中,苏俄想获得外国资金和技术的难度是可想而知的。

1921 年 8 月,在莫斯科市民惊异目光的注视下,一位 23 岁的美国青年走进了克里姆林宫,他的名字叫阿曼德·哈默。哈默的父亲是美国共产党的创始人之一。同父亲一样,哈默对新生的苏维埃政权十分关注,刚从大学毕业,立志从医的他为苏俄带来了大批急需的医疗设备。年轻的哈默怀着极大的热情,倾听列宁畅谈新经济政策。这次谈话,改变了这个年轻人的命运。

当时,列宁手拿一本《科学的美国人》杂志,对哈默说:瞧,这就是你们的人民所做出的成绩,这就是进步的含义:楼房、发明、机器,发展机械设备,解放人类的双手。今天的苏俄就像开拓时期的贵国一样,我们需要这些知识和精神,它们使美国发展成今天这个模样!

他鼓励哈默在苏俄投资,进行经营活动。当哈默担心自己成为资本家后会与这里的劳工发生摩擦时，列宁表示："我们的工人可以就业，拿到高工资，是会很高兴的，对他们来说，砍断自己所坐的树枝，将是个愚蠢的行为。"

1921年10月28日，苏俄第一份给外国人特许权的合同正式签署，哈默获得了一所石棉矿的特许经营权，开始了他真正的商人生涯。在列宁的支持下，哈默成为20世纪二三十年代美苏贸易的核心人物。

1922年的春天，在苏俄黑海的一个港口，哈默见证了这样一场恐慌。当他带着50辆福特森拖拉机集体亮相的时候，当地突然警钟齐鸣，卫队出动。人们误以为这些拖拉机是美、英的坦克，当地的政府官员也慌忙开会，商讨抗御入侵者的战略战术。而当他们弄清真相后，军事部署立即变成了欢迎仪式。"拖拉机"一词从此在苏联的农民中传开了。

嘎斯车是苏联时代的代表性符号之一，最早也是由美国福特公司在苏俄生产的。

从1921年至1926年，苏联政府与外国资本家签订了144项租让合同，1924年至1925年，苏联从租让企业得到680万卢布收入，有力地增强了国家的经济实力。

专家观点 ⊙

从早期社会主义实践中，马克思主义者就逐渐明白了一个道理，社会主义理论必须与实际条件相结合，必须在实践中寻找最合适的实现方式，不可能一步建成纯而又纯的社会主义社会。

——北京大学国际关系学院教授黄宗良

1985年8月28日，邓小平在会见津巴布韦总理穆加贝时，对列宁的新经济政策曾有过一次评价："社会主义究竟是个什么样子，苏联搞了很多年，也并没有完全搞清楚。可能列宁的思路比较好，搞了个新经济政策。"

1979 年 5 月，一架私人波音 727 飞机降落在北京机场。应邓小平的邀请，一位年过 80 的美国老人带着 20 多位美国专家，专程到中国开展经济合作。这位 81 岁的老人就是哈默。

邓小平第一次见到哈默时，就对他说：你是在苏联需要帮助的时候帮助了列宁，现在你可要来中国帮助我们啊。

新经济政策在实施了 8 年多，斯大林于 1929 年开始中止执行"新经济政策"，社会主义的一个高潮悄然远去，留下的历史遗痕，任后人评说。

第十八章
病榻绝笔

　　1923 年 10 月 18 日，重病缠身的列宁未经医生同意，悄悄乘汽车从休养地哥尔克村来到了首都莫斯科。他以关注的目光环顾克里姆林宫的教堂和广场，面对着党中央委员会和人民委员会的办公大楼，沉思良久。这一次，他没有同昔日的同事们见面，只是在克里姆林宫的图书馆里挑了一些书，便回到了哥尔克村。这次不做声响的、半秘密的访问，也许连列宁本人也没有想到，这成了他的最后告别。

　　早在一年前，列宁第一次中风，他的右臂与右腿部分失去了功能，说话也出现了障碍。此后，他依然以顽强的意志、超人的毅力，一边与病魔做斗争，一边坚持工作。列宁几乎每天工作都在 16 小时以上，超负荷的运转终于压垮了他的身体。此时，躺在病榻上的列宁，仍然牵挂着国家的前途和命运。

　　哥尔克村，位于莫斯科近郊，是沙皇时代的一座庄园。列宁患病后便搬到这里办公和疗养。新生的苏维埃政权的很多指导理论和国家政策都是在这里构思和形成的。这个占地 350 公顷的小村庄，俨然成为了国家的思想中心。

　　1922 年 11 月 20 日，列宁带着在这里写成的演讲稿回到了莫斯科。他在俄罗斯首都苏维埃全会上发表了激情洋溢的讲演："社会主义现在已经不是一个遥远将来……我们把社会主义拖进了日常生活，我们应当弄清这一点……新经济政策的俄国将变成社会主义的俄国。"演讲获得了热烈的掌声，无数人为之振奋。

然而，这却是列宁一生中最后一次演讲了。1922年12月，列宁第二次中风，右半身瘫痪。看护他的德国教授福尔斯特回忆道："当他的右臂完全不能动弹时，他仍想尽量用他的左臂，以便不靠别人帮助。为他人服务是他终生的格言，不要别人侍候，要自己照顾自己——他一直遵守着这条最高信条，直到他生命的最后时刻。"

列宁预感到自己生命危在旦夕。他迫切地希望用不多的时日，对党和国家的重大问题提出意见和建议。于是，他向政治局提出请求，每天给无法执笔的他一定的口授时间，以便把思考的意见记录下来。经过和医生商量，政治局决定每天给列宁5—10分钟的口授时间。

口授有时很艰难，列宁躺在床上，偶尔会被一两句话卡住，思路也难以接续。列宁感慨道："记性真不好！我要说的全忘了！真见鬼！真是令人吃惊地健忘啊！"

为了不让列宁用唯一能够工作的左手去拿书，工作人员为列宁做了一个让他放书的特殊台架。就这样，列宁仍坚持读完了苏汉诺夫的《革命札记》第三卷和第四卷，并口授完成了他的《论我国革命》这篇著名文章。

专家观点 ⊙

苏汉诺夫的错误观点是，当时的俄国经济文化落后，不具备搞社会主义革命的前提，因此十月革命就违背了历史发展规律，违背了马克思的理论。当时这个观点有一定的市场，很具有迷惑性。列宁高度重视，他抱病口授了《论我国革命》，批判了苏汉诺夫的学究气和迂腐，全面论证了十月革命道路的必然性。他指出，要坚持马克思主义的革命辩证法，反对教条地对待马克思理论。要从俄国的实际出发，先夺取政权，然后大力发展生产力，建设社会主义。

——原中共中央编译局马克思主义研究部主任季正聚

从 1922 年 12 月到 1923 年 2 月，除了《论我国革命》外，列宁还断断续续地口述完成了《日记摘录》《论合作社》《我们怎样改组工农检查院》和《宁肯少些，但要好些》等 5 篇有关理论和政策的文章，以及《给代表大会的信》等 3 封给有关党的领导的信件，对十月革命以后党和国家建设中的一系列重要问题进行了多方面的继续探索。他总结了 5 年多社会主义的实践经验，特别是一年多新经济政策的经验，提出了社会主义建设的许多崭新构想，被称为"列宁晚年思想"。

1923 年 3 月 6 日，列宁口授了他的最后一封信，此后健康状况进一步恶化，以至于他未能坚持将口述形成的文字信件传达给代表大会。而列宁在他口述的"政治遗嘱"中想要做出的一些改革设想，也没有能在其后的代表大会上提出来。实际上，列宁因发病而无法与同事们沟通后，许多问题就更加紧迫地摆到了中央委员会面前。

列宁估计到，他关于改组工农检查院的主张，必定会受到党内不少人直接或间接的反对。事实果然如此，政治局许多人对此不能理解。布哈林作为《真理报》主编，对发表《宁肯少些，但要好些》一文迟疑不决。在一次政治局紧急会议上，有人甚至提议，出版一张刊有这篇文章的《真理报》"特别版"，专供列宁一个人阅读，这样，既可以使全党和全国人民不知道有这篇文章，又可以借此来安慰列宁。

专家观点 ⊙

列宁晚年，对十月革命道路和新经济政策的初步经验进行了总结，强调必须把党和国家的重心，从夺取政权转向建设。合作社是把个人和国家利益集合起来的最好形式。必须高度重视文化建设，要加强国家政权和执政党的建设。要处理好民族关系。我们知道马克思主义的精髓是对具体问题做具体分析。那么，列宁正是从对俄国情况的具体分析中，得出这些重要观点。他对马克思主义的科学态度，值得我们很好地坚持和学习。

——中共北京市委党校教授刘阳

1923年3月10日，列宁第三次严重发病，失去了语言能力。

此前几个小时，列宁对陪护他的妹妹玛·伊·乌里扬诺娃说："1918年，又多亏了卡普兰的一枪，我又休息了一阵子，而后来这种机会再没有了……"

1924年1月21日下午6点，列宁因脑出血引起呼吸器官的麻痹而去世，走完了他伟大而又短暂的一生，终年54岁。

1924年1月，天气非常寒冷。23日，士兵、农民和工人们流着眼泪，顶着风雪，迈着艰难的步伐，抬着列宁的遗体走向莫斯科。为了给这位人民领袖送行，周围的群众不顾刺骨的寒风，倾家出动，40多公里的路上送行的队伍不见头尾，哭声感天动地。

中国革命的先行者孙中山写了"国友人师"的挽词，称赞列宁是"革命中之圣人"。

专家观点 ⊙

列宁是在新的历史条件下，坚持捍卫和发展马克思主义的典范。他把马克思主义的基本原理，同帝国主义时代特征和俄国的具体实践相结合，创造性地发展了科学社会主义。他领导俄国十月革命取得了胜利，建立了世界上第一个社会主义国家，实现了社会主义从理论到实践的飞跃。十月革命以后，列宁对俄国如何建设社会主义进行了深入思考和艰辛探索。他总结了十月革命的道路和新经济政策的初步经验，揭示了经济文化比较落后的国家，如何建设社会主义的规律，丰富了科学社会主义的理论宝库。

——原中共中央编译局局长韦建桦

第十九章

路的博弈

1924 年 1 月 27 日的红场笼罩在巨大的悲痛之中。所有饱含热泪的目光都注视着一台灵车，上面，是他们逝去的领袖列宁。

俄共（布）中央政治局所有重要成员几乎悉数到场，只有一位重要人物，由于身体原因正在高加索休养，没有能够为列宁送行。

这位没能到场的人物就是苏联党内重要的领导人之一——列夫·托洛茨基。他通过电报给《真理报》发去一条短文，道出了列宁离世后所有苏联人的心声，他说：工人阶级成了孤儿，党成了孤儿，我们如何前进？我们找得着道路吗？不会迷失方向吗？他的预感是对的，在一国能否建成社会主义、是否坚持新经济政策等道路的抉择上，博弈开始了。

列宁逝世 4 个月后，俄共（布）召开了紧急中央全会。此前 3 天，列宁的夫人克鲁普斯卡娅把列宁患病期间留下的 13 封口授的札记交给了中央委员会。这些札记里有着石破天惊的内容。斯大林的一位秘书回忆说："所有参加会议的人都因为这一可怕的事而吓得目瞪口呆。"这就是列宁所写的《给代表大会的信》，日后被称为"列宁的政治遗嘱"。

列宁在信中评述了党中央主要领导成员的个人特性。其中，威望最高的托洛茨基，是十月革命实际意义上的最高军事领袖，他和列宁的画像常被并列悬挂。时任党中央总书记的斯大林、莫斯科苏维埃主席加米涅夫和共产国际执委会主席季诺维也夫被称为实行最高决策的"三驾马车"。政治局候补委员和《真理报》主编布哈林，职位相对较低，却被列宁评价为有其片面性的"最宝贵和最大的理论家"。其中托洛茨基和斯大林被视为列宁接班人最有力的竞争者。

他个人大概是现在的中央委员会中最有才能的人，但是他又过分自信，过分热衷于事情纯粹行政的方面。这是列宁对托洛茨基的评价，这样听来可算是毁誉参半。但是他对斯大林的评价则更加尖锐，他说：斯大林太粗暴，这个缺点在我们相互交往中是完全可以容忍的，但在总书记的职位上就成为不可容忍的了。因此，我建议同志们仔细想个办法把斯大林从这个职位上调开，任命另一个人担任这个职位。

俄共（布）中央就列宁遗嘱问题迅速召开紧急会议。会议决定，遗嘱内容不在代表大会上宣读，而是分别介绍给各代表团团长，斯大林的危机被悄悄化解了。

当时苏联是一座社会主义的孤岛，处于资本主义重重包围之中。列宁逝世时，苏联国民经济已经基本恢复到了一战前的水平，但仍是一个工业基础薄弱、以小农经济为主的落后的农业国。

苏联是否能够一国建成社会主义的问题，在党内引起了激烈的争论。1924 年秋天，在高加索休假的托洛茨基写了《十月的教训》一文，宣扬他的"不断革命论"。他认为俄国无产阶级取得政权后，要把革命推向欧洲，只有西方无产阶级取得胜利后，对俄国进行援助，才能建成社会主义。

斯大林则针锋相对，在当年 12 月写出了《十月革命和俄国共产党人的策略》一文，宣称"在无产阶级专政下，我们有克服所有一切内部困难而建成完全的社会主义社会所必需的一切条件"。斯大林认为，即使没有西方国家无产阶级革命胜利的援助，苏联一国也完全能够建成社会主义。

专家观点 ⊙

托洛茨基把俄国社会主义的前途命运寄托在西方无产阶级革命胜利的基础上，这等于是消极等待和无所作为。而斯大林则认为苏联已经具备了全面建成社会主义的一切条件，这就鼓励人们在取得一国胜利之后，来全面建设社会主义。应当说斯大林的这个观点是积极的，也是符合当时的历史的。

——教育部国家教育行政学院教授黄百炼

1925 年初，托洛茨基被解除了陆海军人民委员和革命军事委员会主席的职务，其政治地位日益边缘化。这位红军的创始人之一，曾经呼声极高的领袖，1927 年被开除出党，1929 年被驱逐出国，1940 年在墨西哥被暗杀。

1927 年底，苏联爆发了大规模的粮食收购危机，粮食收购量比上一年减少了近一半，城市居民所需的粮食和工业所需的原料难以保证。1928 年 1 月，斯大林来到西伯利亚产粮区，亲自督促粮食收购。他激烈批评当地干部同富农"和睦相处"，要求富农立刻按照国家价格交出全部余粮。一时间，搜查、逮捕、没收粮食等高压政策席卷全国农村。

1928 年 3 月 10 日，顿巴斯的沙赫特矿区发生矿井爆炸事件。事后证实，这是一起人为的破坏事件。就在这个时候，有个人公开站出来反对斯大林，这个人的反对，令斯大林感到无比痛心。

布哈林在 1927 年住进克里姆林宫，这是斯大林的提议。每当假日来临，布哈林等几位中央领导人的家庭就齐聚在斯大林的别墅里。

他们在这里既谈国事，也谈家事，气氛融洽。有时在手风琴伴奏下，大家唱着民歌、跳着舞……每到这时，斯大林似乎也显得十分开心，人称"和事佬"的布哈林深受孩子们的青睐，有时他自己也像个孩子似的开个玩笑或手舞足蹈起来。然而，在接下来的争论中，这种融洽关系不复存在了……

斯大林把粮食收购问题和沙赫特事件联系起来，认为是国内外资本主义的联合进攻。而布哈林则认为粮食危机是经济问题，是因为当前的政策导致国民经济比例失调而造成的。

5月28日，斯大林在红色教授学院的演讲中，不点名地批评了布哈林，同时还提出解决粮食问题的出路就是建立集体农庄。斯大林认为，要加快农业集体化步伐，通过农业"贡税"的形式获取工业发展的资金，以重工业为基础加速实现工业化。而布哈林则认为，轻工业、重工业和农业要平衡发展，他反对以"贡税"的形式剥夺农民，反对大规模集体化，主张发展合作社和商品经济，活跃市场。

布哈林之所以反对斯大林，是因为他依然坚持列宁的新经济政策，认为应该通过发展农业合作社引导农民走向社会主义。然而，斯大林认为苏联处于资本主义重重包围之中，面临着孤立无援的局面，有必要集中力量，高速发展经济。

在一次对工业界经理们的讲话中，斯大林说："我们比先进国家落后了50年至100年。我们应当在十年内跑完这段距离。我们要么做到这一点，要么被人打倒。"

1929年12月，斯大林在一次会议上宣布："我们所以采用新经济政策，就是因为它为社会主义事业服务。当它不再为社会主义事业服务的时候，我们就把它抛开。"

从此，列宁的新经济政策被终止，代之而起的是急风暴雨式的全盘集体化运动和超高速的工业化运动，同时，伴随着阶级斗争扩大化，大规模"肃反运动"开始了。

1929 年，布哈林被解除了他在共产国际中的职务；11 月，他被开除出中央政治局。在后来的"大清洗"中，布哈林于 1937 年被开除出党，并于次年 3 月以"叛国罪"被秘密枪决。

专家观点 ⊙

这场争论反映了苏共党内对于社会主义发展道路的思考。今天看来，布哈林的认识更符合列宁的思想，斯大林过早终止了新经济政策的试验和探索，为以后高度集中的"计划经济模式"的逐步僵化埋下了伏笔。当然我们也要看到，斯大林提出的高度工业化道路的思想，这为在帝国主义压力下建设强大的苏联，是起了积极的作用的，在当时也有号召力。

——教育部国家教育行政学院教授黄百炼

新经济政策被放弃，对道路的探讨结束，对权力的制约解除，再也没有任何人能够令斯大林改变方向了。

1929 年的岁末，斯大林迎来了 50 岁生日，苏联上下忙着为总书记祝寿，全国各地发来了向领袖致敬的贺词，墙上挂满了他的巨型画像，宣传员高喊着"斯大林就是今天的列宁"。此时的苏联，沿着一条前人未曾想象的道路高速疾驰，一场规模浩大的经济建设即将展开。

第二十章
奇迹诞生

　　1929 年 10 月 24 日，纽约证券交易所回荡着绝望的叫喊声，股票价格雪崩似的跌落，人们歇斯底里地抛售手中的股票。该日共交易1300 万股股票，超出每天正常交易量 10 多倍。许多人顷刻破产，当天就有 8 人自杀。这天，后来被称为"黑色星期四"。一场席卷资本主义世界的经济危机正在拉开帷幕。

　　"我们当时以为我们的国家已是一个'上帝的乐园'，是世界民主的鼻祖。我们也为更完善的民主形式斗争过。虽然取得了一些形式上的胜利，但是我们也看到，我们的国家逐渐发展成了世界上最大最危险的帝国主义。"这是 1917 年一位美国女记者写下的话，这位早在 12 年前便预见到了资本主义社会将会面临危机的人，名叫安娜·路易斯·斯特朗。

　　安娜·路易斯·斯特朗，这位与中国有着很深渊源的美国女记者，1925 年就到过中国采访。她先后 5 次来华，还曾在延安采访了毛泽东，毛泽东那句著名的论断——"一切反动派都是纸老虎"，就是在接受她的采访时说的。斯特朗一直对社会主义国家抱有极大的热情，因此在 1921 年来到苏联，着手创办英文报纸《莫斯科新闻》，向外界报道这个新兴的社会主义国家。此后的一段时间里，她成了一个时代奇迹的见证者。

1929 年 5 月的一天，莫斯科大剧院里灯火通明，苏维埃第五次代表大会在此举行，会议的内容是批准联共(布)中央提出的第一个五年计划方案。大会主席台上悬挂着一幅巨大的苏联地图，报告人每提到一项建设计划，在地圈上相应的地点就会亮起一盏小灯。等到会议结束时，地图上已经布满了 1000 多个五颜六色的亮点。

这一年，斯特朗在骑马采访途中遇到一个参与第一个五年计划的乌兹别克修路工人。这个工人只会三个俄文单词：公路、汽车和五年计划。他用这三个单词搭配着自豪的手势告诉斯特朗，这条走骆驼的小路，在五年计划内将要变成一条通汽车的大道，直通边界；而在当时骑马到边界要走 10 天。苏联的第一个五年计划就这样在全民注视中登场。

一年后，1930 年五一节，斯特朗参加了土尔克斯坦到西伯利亚铁路的通车典礼。她乘坐了这条线路上的第一趟列车，"一节节车厢像喝醉了酒似的在新铺的铁轨上摇晃着前进。"这辆列车是奥利·阿塔机车修理厂的工人在工作之余义务制造的，是一份礼物。1000 英里的铁轨，在荒无人烟的沙漠和平原铺成一条贯通南北的运输线。

而此时，远在这个新兴的社会主义国家的西部，世界上最大的水电站正在第聂伯河上日夜赶工。北方，新的钢铁城库兹巴斯迅速拔地而起。斯大林格勒，世界上最大的拖拉机厂即将开工。

土西铁路自诩为"第一个完成的巨大工程"。然而，它只不过是苏联轰轰烈烈的第一个五年计划中数十个巨型工程之一。

这条铁路改变了苏联在亚洲的历史，西伯利亚的小麦和木材同中亚细亚的棉花联系起来，苏联贸易到达了中国西部边境，也同时成为连接苏联东南边疆的钢铁国防线。斯特朗在她的书中说道：苏联以外的世界在最初听到五年计划时，把它看作莫斯科的一个狂妄荒诞的计划。而这个计划却被苏联人以惊人的速度一步步实现。在这背后，其实透露着苏联当时的艰难处境。

1931年2月4日，在全苏社会主义工业工作人员第一次代表会议的闭幕会上，斯大林发表《论经济工作人员的任务》的演说，他强调决不能减低速度，"必须竭力和尽可能加快速度"。因为"延缓速度就是落后。而落后者是要挨打的"。

专家观点 ⊙

在1929年至1933年经济危机的大背景下，希特勒纳粹党在德国上台执政，意大利法西斯势力和日本军国主义势力也迅速发展起来。面对法西斯势力的种种扩张侵略行径，英、法等西方主要国家采取绥靖政策，企图将法西斯的"祸水"引向社会主义苏联。这就使苏联面临十分严峻的国际环境和外部威胁，必须采取非常措施加速经济发展，优先发展重工业，建立独立自主的完整的工业体系。

——中国社会科学院世界历史研究所研究员于沛

1933年，那场发端于1929年的美国的经济危机已经演变成世界性的灾难。整个资本主义世界损失2500亿美元，比第一次世界大战的损失还多800亿美元。数以十万计的公司和银行破产。美国有1/3的人口失业，靠施舍和救济度日。形成对比的是，此时的苏联，则在整个世界的经济颓势中，奇迹般地提前9个月完成了自己的第一个五年计划，首次建立了拖拉机、汽车、航空、化工相关机床制造等新的工业部门，建设了一批大型机械制造厂、冶金工厂和发电厂等，为苏联经济的发展奠定了基础。

尽管如此，1933年依然不是轻松的一年。这一年，日本经常从中国东北向苏联边境寻衅，而刚刚上台的德国纳粹党人希特勒已经公开提出对乌克兰的领土要求。苏联面临有可能同时遭到来自东、西两方面攻击的局面。第二个五年计划，这张新的挑战书迅速出炉。

1935年12月16日的《时代周刊》封面上，是一个精神的苏联小伙子。他的名字曾经被斯大林用来命名一场生产运动，他就是斯达汉诺夫。他在1935年8月31日一夜之间从一个默默无闻的采矿工变成了工业化生产的一面旗帜。斯达汉诺夫在一个工作班6小时内，用风镐挖煤102吨，超过原先的技术定额13倍，创造了新的世界纪录，成为轰动一时的新闻。以斯达汉诺夫为榜样，提高生产效率，进行技术革新的生产运动迅速在苏联掀起。

1937年，第二个五年计划也超前完成，从1928年到1940年，苏联共建成9000个企业，整个工业增长了9倍。苏联在短短12年的时间内，完成了资本主义国家花了几十年甚至上百年才完成的工业化。

农业集体化运动也在苏联农村展开。这对于保证工业化的高速发展和推进农业机械化发挥了重要作用。但在农业集体化过程中发生的过火行为，导致农民积极性不高，农业长期落后等问题，使之成为一个颇具争议的话题。

专家观点 ⊙

在这个历史时期，苏联的工业发展速度远远地超过了西方发达资本主义国家。在短短的十几年里，其经济总量由1913年的世界第5位和欧洲第4位发展成欧洲第1位和世界第2位，这就为苏联日后战胜德国法西斯奠定了经济基础，为苏联在战后成为与美国争雄的世界强国奠定了经济基础。

——中国社会科学院世界历史研究所研究员于沛

1932年，美国哥伦比亚大学教授雷克斯福德·特格韦尔针对美国的经济危机说，要想避免革命，必须实行计划经济。这位早在 1927 年就访问过苏联的学者，成为美国总统罗斯福的智囊之后，将计划经济的思想带进了内阁。美国制定了全国产业复兴法，成立全国工业复兴局，由国家监督生产。很大程度上是这些带有一定计划色彩的新政措施，拯救了美国。

第二十一章
绝地反击

　　1941 年 10 月，战争阴霾笼罩着莫斯科。但在莫斯科街头随处可见柳博芙·奥尔洛娃的大幅演出海报，这位苏联人最喜欢的明星即将举行音乐会。舞蹈家奥尔加·列别申斯卡娅，在前线为战士和群众的演出从未间断，即便是观众通常只有几个人。此时，法西斯德国的军队离莫斯科仅有 100 多公里，炸弹与燃烧弹天天倾泻在莫斯科的街头。

　　这就是 72 年前的苏联人，铁血与浪漫令人难以置信地统一在一起。那个年代，苏联人民表现出惊人的英雄主义精神。1939 年 9 月 1 日，法西斯德国以闪电战突袭波兰，第二次世界大战全面爆发，纳粹铁蹄横扫欧洲，随后剑指苏联。在苏联各民族面临生死存亡的关头，一场伟大的反击战开始了。

　　1941 年 6 月 22 日凌晨，法西斯德国悍然出动 550 万兵力、近 5000 架飞机和 4000 多辆坦克，兵分三路向苏联发起全线进攻。短短几个月，苏联 150 万平方公里国土沦陷。11 月初，德军坦克推进到苏联首都莫斯科近郊，先头部队已经能从望远镜里看到克里姆林宫顶部那颗著名的红星。

　　今天的莫斯科地铁，是世界上最忙碌也是最富有艺术气息的地铁之一。然而，在 1941 年 11 月，随着德军兵临城下，刚建成 6 年的地铁，是掩护等待检阅的军队最好的地方。

1941 年 11 月 7 日清晨，大雪纷飞，战士们从地铁站、从掩体、从城市的各个角落向红场汇集。上午 8 点整，一场盛大的阅兵式开始了，这是一次与敌军近在咫尺的阅兵。所有人都屏声静气地倾听着斯大林用沙哑的声音，向每一名苏军将士发出的号召"彻底粉碎德国侵略者！社会主义祖国万岁！"接受检阅的苏军将士，直接从红场奔赴战场。这一刻，苏联政府和斯大林向全世界表明了战斗到底的决心。

1942 年 1 月，英勇的莫斯科保卫战，最终以 30 余万纳粹军队被歼灭而结束。希特勒两个月内拿下莫斯科的计划破产了，同时破产的还有法西斯德国不可战胜的神话。然而，希特勒并不甘心失败，他把目光放在了另外一个战场——斯大林格勒。

斯大林格勒，原名察里津，一直到 1942 年初，都还是伏尔加河流域最美丽也是规划最完整的城市，有着设施完备的工业厂房，这里曾吸引了无数年轻人到此追逐梦想。然而，战火即将烧毁一切。

1942 年 8 月 23 日，德军主力渡过顿河，对斯大林格勒展开全面进攻，2000 多架德军战机把斯大林格勒炸成一片火海，空袭首日，八成以上建筑都被炸毁了。透过望远镜看着燃烧的城市，德军相信自己不会再遇到有效抵抗。然而，他们错了。

早在一个月前，斯大林签发了著名的第 227 号命令。命令中通告：苏联国土不是荒原一片，上面生活着人民——有工人、农民、知识分子、父母、妻子、兄弟、孩子。是停止撤退的时候了。一步也不能撤！从现在起，这就是我们的口号。

在被炸成废墟的斯大林格勒，纳粹军队见识到什么是"一步也不能撤"。残酷的巷战开始了，每条街道，每座工厂，每个建筑物，都变成了战场，即便是攻陷一个厨房，德军也要付出生命的代价。为了一个拖拉机厂，双方 4 个师展开血战。拿下渡口的一座谷仓，都能让德军欣喜若狂，德军第 6 集团军指挥官保卢斯甚至为此专门颁发了有谷仓形状的奖章。战斗最惨烈的时候，一支新参战的苏联部队，从渡过伏尔加河开始，士兵平均生存时间少于 24 小时，而基层连以下军官最多不会活过 3 天。

此时的斯大林格勒，已经没有了前线和后方之分。发电机厂里在生产迫击炮，汽车工厂里制造着冲锋枪。在拖拉机厂，工人们在弹片横飞的车间里坚守岗位，制造出著名的 T-34 中型坦克，仅 9 月一个月，他们就生产了 1200 辆坦克和 150 辆牵引车，坦克手就地接受培训。敌人越来越近了，在最后关头，工人们装配好最后一批坦克，然后亲自驾驶着冲出厂门参战，这些坦克甚至来不及涂上油漆和安装瞄准镜。

苏军的顽强震惊了世界。英国电台当时这样向全球通告苏联的战况：德军用 28 天占领了波兰，而现在只能攻占几座房屋；德军用 38 天占领了法国，而现在只能攻占几条街道。从 9 月 13 日到 26 日，德军几乎每天伤亡 3000 多人，但仍然不能占领全城。

争夺战持续了 3 个月，德军从未完全占领这座城市，斯大林格勒反倒成为他们的坟墓。1943 年 1 月 31 日，在苏军的重重包围下，德军第 6 集团军指挥官保卢斯率众投降。而在前一天，这位亲手制订巴巴罗萨侵苏计划的将军，刚刚被希特勒空投了陆军元帅军衔。后来，德国方面通过国际红十字会向苏方提出愿意将俘获的斯大林的儿子雅科夫交换保卢斯，可是斯大林毅然回答说："我不会用士兵去换元帅！"不久，雅科夫被残酷杀害。

斯大林格勒战役，纳粹军队伤亡 150 万人，并由此成为苏德战场和整个二战的转折点。1943 年夏季，苏军发起全线反攻。1945 年 4 月，苏联红军攻入柏林，希特勒自杀。5 月 8 日，德军最高统帅部总参谋长凯特尔向苏、美、英、法四国正式签署无条件投降文件。

苏德战场被称为 20 世纪最为惨烈、最为血腥的战场。在反法西斯战争的过程中，苏联付出了惊人的牺牲，全国近 3000 万人死于战争，成年男子大多非死即残，1710 座城市和 7 万多个村庄被毁。那么，是什么原因使得一度陷于绝境的苏联人民取得了惊天逆转的伟大胜利呢？

曾妄图 3 个月灭亡苏联的法西斯德国，低估了苏联军民的爱国热情，也低估了社会主义苏联的巨大潜力。强大的国民经济，很快转变为战时体制，并开始全速运转。工人每天废寝忘食地工作 14 个小时以上。战争期间，全国共生产了 49 万门大炮、近 11 万辆坦克和 13.7 万架飞机。

卫国战争期间，近 300 万党员牺牲在前线。仅战争的头 6 个月就有 6 万名党员和 4 万名团员作为政治工作者被派往前线，他们在作战的第一个星期内就大多阵亡。

专家观点⊙

苏联卫国战争实质上是社会主义制度与法西斯之间的生死较量。在卫国战争中，苏联充分发挥了社会主义能够集中力量办大事的优势，也发扬了人民群众誓死保卫社会主义祖国的革命英雄主义精神，从而成为第二次世界大战中的中流砥柱，也充分显示了社会主义制度的强大生命力。

——中国人民解放军国防大学马克思主义教研部教授刘绥虎

就在第二次世界大战将要画上句号的时候，斯大林已经开始构思战后重建问题，并着手制订第四个五年计划。它沿袭了高度集中的计划经济和以重工业为核心的发展思路，并推广至文化、教育、科技等多个领域。这条建设之路，后来被称作苏联模式。

第二十二章
苏联模式

1944 年 8 月末，苏联红军推进到保加利亚边界。10 天后，保加利亚老百姓对苏军夹道热烈欢迎，即使是最年长的人，也是手捧面包和盐，与那些尘土满面的苏联红军亲吻拥抱。

1944 年 10 月 20 日，南斯拉夫人民解放军和苏军在贝尔格莱德胜利会师，1945 年 5 月，南斯拉夫全境解放。

在匈牙利，已经被包围的德军负隅顽抗。经过两个月的浴血奋战，1945 年 4 月 4 日，苏军解放了匈牙利的全部国土，近 15 万名苏军士兵长眠在这里。

1944 年，穷兵黩武的法西斯德国日薄西山，苏联红军的反攻势如破竹，被希特勒绑在战车上的东欧各国，国内抵抗力量风起云涌，苏联红军的解放行动受到了东欧各国人民的欢迎。短短几年内，在苏联的帮助下，东欧人民相继摆脱了法西斯政权的统治，成立了民族民主联合政府，并走上了社会主义道路。

从 1944 年到 1949 年，波兰、捷克斯洛伐克、匈牙利、南斯拉夫、阿尔巴尼亚、保加利亚、罗马尼亚、德意志民主共和国 8 个国家相继建立了人民民主政权。

1946 年 3 月，英国前首相丘吉尔在美国富尔顿发表了反苏反共演说。他说："从波罗的海的什切青到亚得里亚海边的的里雅斯特，一幅横贯欧洲大陆的铁幕已经降落下来。在这条线的后面，坐落着中欧和东欧古国的首都……"这就是著名的"铁幕演说"，发表后立即引起世界舆论大哗，也正式拉开了冷战的序幕。

一场没有硝烟的战争在刚刚经历过战争洗礼的世界上空酝酿发酵。1949 年 4 月，以美国为首的北大西洋公约组织成立。与之针锋相对，1955 年 5 月，苏联等 8 国成立了华沙条约组织。美苏对峙的两极格局逐步确立，冷战进一步升级。

在亚洲，1945 年 9 月 2 日，越南民主共和国成立；1948 年 9 月 9 日，朝鲜民主主义人民共和国成立；1949 年 10 月 1 日，中华人民共和国成立，毛泽东领导的中国新民主主义革命取得胜利。社会主义国家由一国到多国，并在地理上连成一片，形成了拥有世界 1/3 人口和 1/4 土地的社会主义阵营。20 世纪 60 年代，拉丁美洲的古巴走上社会主义道路；20 世纪 70 年代，老挝等国也走上社会主义道路。社会主义从欧洲到亚洲，再扩展到拉丁美洲，一时间可谓"花开遍地"，与此同时，亚、非、拉国家的民族解放运动也风起云涌。

专家观点 ⊙

社会主义国家从一国发展到了多国，新政权在建立的最初几年，社会主义制度在这些国家的经济恢复和发展中，起了积极的作用。同时，战后初期，苏联的经济也得到了迅速恢复和发展，也增强了东欧各国人民走社会主义道路的信心。

——中共中央党校国际战略研究所教授左凤荣

4 年的卫国战争重创了苏联经济。从 1946 年 3 月起，苏联宣布启动第四个五年计划。到了 1950 年初，苏联政府宣布，第四个五年计划提前 9 个月完成，工业总产值比战前增长了 73%。战后头 5 年的高速发展，使苏联牢牢确立了作为世界第二大工业国的地位，开始和美国分庭抗礼。

20世纪50年代的莫斯科，人们无论从城市的哪个角落望去，都会看到7座高高耸立的建筑——人称"莫斯科七姐妹"。1947年筹建、1954年完工，"莫斯科七姐妹"的建设速度堪称建筑史上的奇迹。其中，36层的莫斯科大学主楼，是当时欧洲大陆上最高的建筑。

这组摩天大楼，是二战胜利后斯大林向资本主义国家展示苏联实力的符号，也是苏联第四个五年计划期间，最引以为骄傲的成果之一。

苏联经济的迅速恢复和高速发展，对其他新建立的社会主义国家具有强大的吸引力。当时人们相信，苏联实行的计划经济比西方的市场经济更优越，它为刚刚走上社会主义道路的国家树立了一个榜样。再加上这些国家缺乏社会主义建设的实际经验，当时就普遍地照搬了苏联模式。

苏联模式，是指苏联在战前已经形成的高度集中的经济、政治体制。

那个时代，没有哪个词汇比"计划"更为时髦。所谓"计划"，实际上就是"数字控制"。经济领域中的所有生产、运输和销售环节，都被置换成了一个又一个具体的数字。在这一模式下，全国成为一个统一的"大工厂"，而企业只不过是这座"大工厂"中的一个"生产车间"，"每一双皮鞋或每一件内衣，都要由中央调配"。斯大林宣称，计划就是法律。1936年苏联宪法的颁布，标志着苏联模式形成。

在20世纪60年代，苏联的一本著名杂志《鳄鱼》上曾经刊登了一幅漫画讽刺"计划经济"。画面中，一位干部正在视察农场的畜牧业工作，可是从他面前走过的"牛群"，却都是由农民伪装的。有人这样揶揄地说，当无法"按照计划"完成定额时，一些负责人常常不得不想办法糊弄他们的上级，使领导相信计划已经完成。

专家观点 ⊙

苏联模式的弊端主要是两个方面：一是单一公有制基础上的计划经济，由于不尊重经济发展的客观规律，把一切经济活动置于指令性计划之下，压制了人们生产的积极性和创造性，严重制约了经济的发展；二是在发展战略上，以重工业为重点追求外延式的粗放增长，导致国民经济比例失调，产品质量不高，日用工业品和农产品长期短缺，严重影响了人民生活。

——中国社会科学院研究员姜辉

作为苏联模式的主要设计者，斯大林从1929年以后很少下基层，他所有的决策都是在克里姆林宫或是他的乡间别墅里做出来的。那时的政治局会议，看上去就像是再普通不过的家宴，而赴宴的人也仅仅限于某些政治局委员。

逐渐地，斯大林的个人权力无限扩张，个人崇拜现象也日益严重。这一时期的苏联，大量的城镇以斯大林等领导人的名字来重新命名。

来自政治的干涉力量也蔓延到了科学领域。20世纪50年代，正是生物学突飞猛进的年代，当时苏联生物学界分为两大学派，一派主张美国遗传学家摩尔根的理论，另一派则秉持苏联农艺学家米丘林的学说。当两大学派争论不休的时候，"米丘林派"的代表人物李森科向斯大林请求帮助。结果，对手"摩尔根派"的观点被冠以资本主义学说而遭到打压。

在东欧各国，人民对建设新的国家迸发出极大热情，也取得了可喜的成绩。然而，他们和苏联老大哥的关系却逐渐出现了微妙变化。

南斯拉夫共产党的领导人铁托坚持要建设"南斯拉夫人的南斯拉

夫"导致了铁托与斯大林的严重分裂。为此，苏联操纵共产党情报局宣布把"铁托集团"开除，双方开始尖锐对立。

东欧照搬苏联模式的弊端也开始显现，匈牙利作为重要的农业国，土改完成后，领导人要学苏联在短期内建成"钢铁国家"，可是钢铁代替不了面包，结果很快全国粮食短缺，国内矛盾激化。也就在这个时候，由于斯大林突然去世，苏共内部的一些问题开始变得难以掩盖。苏共党内将掀起一场风暴，刚刚走上社会主义道路的东欧各国也将面临新的抉择。

第二十三章
风雨之路

1956 年 2 月 24 日，苏共二十大会议的正式议程已经结束。有人已经开始收拾返程的行囊。然而，就在这一天，与会的苏联党代表突然接到一个参加全体会议的通知，需要特别的请柬入场。当代表们充满疑惑地来到克里姆林宫会场后，一场注定要震撼世界的事件上演了。

就在这次内部会议上，苏共中央第一书记赫鲁晓夫作了《关于个人崇拜及其后果》的报告。这就是大家所熟知的"秘密报告"。

赫鲁晓夫的报告长达 4 个半小时，从当天晚上一直讲到了次日凌晨。在报告中他对斯大林进行了无情的揭露和批判。

1953 年斯大林去世以后，赫鲁晓夫逐步成为苏联的最高领导人，他面对的局势十分复杂。进入和平建设时期以后，苏联模式存在的违背客观经济规律、片面发展重工业、高度中央集权、过分强调阶级斗争、严重破坏民主法制等弊端，越来越明显地暴露出来。苏联开始纠正斯大林时期肃反扩大化等错误，进行各个方面的调整。

在秘密报告快结束的时候，赫鲁晓夫特意提醒与会代表，"我们不能把这件事捅到党外，尤其不能捅到报刊上去发表。我们应当知道分寸，不要把炮弹送给敌人"。然而，这颗炮弹终究还是炸响了。

当年 6 月 4 日，美国国务院和《纽约时报》公布了这份报告的全文。时任美国中央情报局局长的艾伦·杜勒斯将此举称作他情报生涯中的最大成就之一。大规模宣传战随之打响，西方阵营迅速将之翻译为俄语和东欧各国语言在电台广播，还在第一时间把报告印成小册子广为散发。他们很快将看到这次宣传战的绝佳效果。

专家观点 ⊙

毛泽东曾经说过，赫鲁晓夫的报告"揭了盖子，也捅了娄子"，就是说有积极的一面，也有消极的一面。揭开盖子有助于各国政党解放思想，总结教训。但是，报告的消极作用是极其严重的，无论是对苏联和苏共，或是整个国际共产主义运动来说，都是如此。

——中国社会科学院荣誉学部委员陈之骅

秘密报告在东欧社会主义国家引起了极大的思想混乱，使这些国家党的领导人陷入很大的被动。所造成的后果，完全出乎苏共的预料。特别是西方阵营通过自由欧洲电台等各种媒体，使劲地进行反苏反共宣传，最高峰的时候，曾连续三天三夜不间断地播放报告全文。在多种复杂因素的作用下，波兰、匈牙利、捷克斯洛伐克等东欧社会主义国家都爆发了政治危机。

苏共二十大出现"秘密报告"事件之后，1956年3月23日，中共中央书记处举行扩大会议，研究赫鲁晓夫秘密报告及中国共产党的对策问题。

毛泽东说，赫鲁晓夫的报告"破除了那种认为苏联、苏共和斯大林一切都是正确的迷信，有利于反对教条主义。不要再硬搬苏联的一切了，应该用自己的头脑思索了"。

苏共中央在斯大林去世后开始平反冤假错案。

赫鲁晓夫试图对苏联模式进行一些调整，但没有取得多少成效，更没有对苏联模式进行根本的改革。

后来，危机之后的波兰、匈牙利、捷克斯洛伐克等都进行了程度不同的改革，进行具有各自特色的社会主义道路的探索。

波兰成立工人委员会，为工人参加国民经济管理创造条件；实现农民自治形式多样化，激发农民积极性；恢复国家与宗教之间的正常关系，以及建立在平等基础上的社会主义国家关系等。

匈牙利实行"静悄悄的"改革，采取了一系列举措，如：实行国家计划调节与市场调节相结合，扩大企业自主权，鼓励企业竞争，协调国家、集体和个人之间的利益；赋予农业单位自主权，允许私人经济存在和发展等。

捷克斯洛伐克从 1968 年开始进行改革。捷共中央通过《行动纲领》，宣布："我们将进行试验，赋予社会主义发展以新的形式"，决定全面开展政治、经济体制改革。

这些调整和努力取得了一定成效，但是，由于没再触动高度集中的体制本身，调整过程中受到内部和外部力量的多种因素制约，最终都失败了。

1975 年前后，由于经济结构长期畸形，轻工业与重工业比重失调，苏联开始出现经济停滞。连年的美苏军备竞赛，也极大地加重了苏联的经济负担。1979 年，勃列日涅夫又发动了武装入侵阿富汗的战争，苏联深陷泥潭。

当时新华社驻莫斯科分社社长万成才回忆说，"在大街上，经常看到人们随时握着购物袋，随时准备购物，卫生纸、肥皂、黄油、面包，看见了马上就买，能买多少就买多少。如果错过了一次机会，就不知道等到什么时候才有下一次。"

戈尔巴乔夫担任苏共中央总书记后，面对严峻的政治、经济形势，出台了一系列推进经济体制改革的决定，但没有取得预期效果。随后，在第十九次党代表会议上，戈尔巴乔夫决定将改革重心从经济转向政治，对苏联的政治体制进行根本改造。

戈尔巴乔夫的"新思维"使苏联的改革走上了歧途，不仅导致了党内外思想混乱，而且引发了社会动荡。

长期以来，在苏联的控制下，东欧国家没有能形成一条适合自己发展的道路，阻碍了经济社会的发展。在戈尔巴乔夫"新思维"的影响下，苏联把东欧各国视为自己经济上的负担，加上西方的"和平演变"的大力鼓动，1989年到1990年，东欧国家出现了剧烈的变化。首先是波兰统一工人党提出实行政治多元化，主动放弃党的领导地位，决定举行大选，结果在大选中下台。接着，匈牙利社会主义工人党也通过了实行政治多元化的决议，在随后举行的大选中失败。在波兰、匈牙利政局变化的影响下，民主德国、捷克斯洛伐克、保加利亚、罗马尼亚、阿尔巴尼亚、南斯拉夫也先后发生了剧变。这股风潮反过来又加快了苏联演变相瓦解的进程。

错误的改革战略和路线，加上西方各种势力的影响，苏联和东欧国家的调整偏离了正确的方向，那里的改革失败了。历史与现实原因相互交织、推波助澜，世界社会主义运动遭受了巨大的挫折。

1991年8月24日，苏联共产党宣告解散。

1991年12月25日，西方传统的圣诞节，晚上7时多，戈尔巴乔夫发表电视讲话，宣布辞去苏联总统职务。

1991年12月21日，叶利钦等人签署《阿拉木图宣言》，正式宣告成立独立国家联合及苏联苏维埃总统社会主义共和国联盟停止存在。

专家观点 ⊙

在资本主义包围的特定历史条件下形成和发展起来的苏联模式，曾经有效地调动了人力、物力，在苏联建设社会主义和反对法西斯主义的战争中，建立了不可磨灭的历史功勋。但是由于它没有把自己"是在经济文化比较落后的基础上建设社会主义"这样一个事实当作总的依据，因此在经济政治体制和发展战略等方面有许多缺陷和弊端，特别是在时代主题发生转换的情况下，仍然思想僵化，没有及时进行调整。这导致在20世纪70年代以后苏联经济不断滑坡，使戈尔巴乔夫得以在"改革与新思维"的名义下改旗易帜，背离社会主义的根本制度，跟西方资本主义，从思想上、政治上、经济上搞"一体化"，把苏联一步一步地推向剧变解体。

——中国社会科学院荣誉学部委员徐崇温

苏东剧变后，邓小平指出："一些国家出现严重曲折，社会主义好像被削弱了，但人民经受锻炼，从中吸收教训，将促使社会主义向着更加健康的方向发展。"

第二十四章
苦难求索

1793 年秋天，马嘎尔尼率领的英国使团因为拒绝向乾隆行跪拜礼，被长久地拒之于宫门之外。9 月 14 日，在马嘎尔尼同意以谒见英王的单腿下跪的礼节觐见乾隆皇帝后，乾隆终于在热河行宫接见了他们。英国人希望以贸易的方式敲开中国的大门，但最终无功而返。

马嘎尔尼的副手斯当东将其出使中国的过程记录下来，编辑了《英使谒见乾隆纪实》。斯当东 12 岁的儿子也随行，当乾隆得知小斯当东是使团中唯一会说中国话的人时，龙颜大悦，当场赐给了他一块翡翠和自己腰间一个绣有龙纹的黄色丝织荷包。

15 世纪末，欧洲的航海家们开始征服海洋，世界逐渐连接在一起。到了 19 世纪，欧亚贸易已从重商主义的自由交换进入殖民劫掠时代。在一代人的时间里，欧洲的中国茶税就从世纪初的 100% 降到世纪中叶的 12.5%，中国的形象与中国的茶叶同时跌落。当年那位 12 岁的小斯当东成为国会议员后，在是否应该为保护鸦片贸易对中国动武的表决中投了赞成票。

鸦片战争的失败使中国沦为任人宰割的半殖民地。为民族复兴，几代中国人在黑暗中的上下求索，由此拉开了大幕。

1841 年 5 月，被后世誉为"睁眼看世界的第一人"的林则徐，因为广东战败、朝廷主和，被道光皇帝充军伊犁。途中他取道镇江，交给老友魏源一本自己写的《四洲志》和有关外国资料，嘱托魏源撰写一部反映世界地理历史知识的综合性图书《海国图志》。1842年，在屈辱的《南京条约》签订的时候，50卷的《海国图志》出版了。在《海国图志》的序言中，魏源说："是书何以作？为师夷长技以制夷而作。"

1861年1月，晚清政府成立总理各国事务衙门，开始搞洋务运动。这是中国近代第一次由政府主导的救亡探索，提出了"自强""求富"的主张。

在洋务运动中，李鸿章的北洋水师引人注目。李鸿章先后从英国、德国的船厂订造25艘军舰，组建了一支有官兵4000余人的舰队，并在旅顺和威海两地修建海军基地。从此，近代中国正式拥有了一支堪称当时亚洲第一的海军舰队。然而，洋务运动能够帮助清王朝实现国家的自强吗？

1895年2月11日夜，刘公岛上的海军公所军帐内，上演了悲壮的一幕。时年59岁的北洋海军提督丁汝昌，在拒绝日军劝降后，收到了"陆路增援无望"的密报。入夜，丁汝昌服鸦片自尽，在经历了一夜的痛苦折磨后，于第二天早晨7点钟离世。至此，甲午海战以李鸿章经营多年的北洋海军全军覆没告终。

从1840年鸦片战争至1900年庚子之变，清政府的战争赔款总数高达7.245亿两白银，帝国主义列强强迫中国政府签订的各种不平等条约、条款等总数达数百个之多。

专家观点 ⊙

1840年，鸦片战争失败以后，当时中国人在思索，为什么中国被列强打败。他们把目光首先投向打败中国军队的坚船利炮。于是，以李鸿章和张之洞为代表的洋务派主张向西方学习先进的科学知识，来带动军事工业和其他工业，使中国强大起来。但是，甲午战争的失败，使当时的中国人看到我们不但在器物层面落后，而且在制度层面也落后。这时候以康有为和梁启超为代表的维新学派走到了历史前台，他们上书光绪皇帝，要求学习日本的明治维新，使中国强大起来。

——中共中央党校教授严书翰

要救亡，必须改变祖宗之法。新一代的年轻改革者登场了，一场自上而下的变法开始了。然而，这一次，改革者看到了开始，却没有猜到结局。

1898年9月，一道简短诏令刊布于世。它仅有寥寥九个字"帝遇疾，皇太后复训政。"

9月28日，宣武门外菜市口人头攒动，午时三刻，刽子手挥刀砍下了戊戌变法六君子的头颅，也打碎了所有试图通过改良实现救国自强的人们的幻想。谭嗣同临刑前仰天长啸："有心杀贼，无力回天。"

在戊戌变法失败3年后，慈禧不得不推行比康梁更加激进的改革——公元1901年1月30日，因避乱从京城逃至西安的慈禧太后，出人意料地发出一道谕旨，宣布实行"新政"。

1905年12月19日下午2时，大清国出洋考察西方宪政的航船启航。

1908年8月27日，在慈禧太后离世前3个月，《钦定宪法大纲》和《九年预备立宪逐年推行事宜谕》一同颁布。她之所以同意了"立宪"，是因为听人说，立了宪，皇权就可以"世袭罔替"。

清廷主导的九年预备立宪改革如火如荼地展开了。全国几千名立宪派人士、十余万旧士子和留学生、几十万绅民、十余个省份都卷入了"速开国会"的全国大请愿运动。摄政王载沣发布上谕，将开设国会的时间，提前到宣统五年，也就是1913年。全国的立宪派人士都在幻想着如何分享即将获得的政治权力。

1911 年 5 月，众所期盼的责任内阁率先出台了。然而内阁总共 13 人，满族即占到 9 人，其中皇族 7 人，汉族竟然只有 4 人，史称"皇族内阁"，一时举国哗然，群情鼎沸。

历史再一次证明了改良道路是一条死路。醉心于君主立宪的梁启超痛心疾首地说，"宣统五年"将成为一个永远不会到来的年号。

资产阶级改良主义的失败，是因为其根本目的是为了维护清王朝的统治，它两面受敌，一方面触动了顽固势力的利益，因自身弱小被其剿杀；另一方面又无法满足群众的革命要求，在与革命的赛跑中被抛弃。这是一条走不通的路。

就在改良逐渐破产的时候，一个声音变得越来越响亮，那就是革命。

此时的孙中山已成为一个坚定的革命者。他第一个喊出"振兴中华"的口号，并始终坚持奋斗，成为 20 世纪初期推动中国发生历史性巨变的主要代表。

1905 年 8 月 20 日，孙中山等人在东京成立中国同盟会，把创立民国列为誓词的重要内容之一。在《民报》的发刊词中，孙中山将同盟会的纲领概括为三大主义——民族主义、民权主义、民生主义。在三民主义这一革命纲领的指导下，孙中山和一批批爱国志士进行了多次武装起义。

1911 年 10 月 10 日，孙中山领导的辛亥革命爆发，一个新生的共和国在亚洲诞生了！然而，实力派人物袁世凯很快就窃取了辛亥革命的果实，"中华民国"看似有国会、有约法、有众多政党、有选举，但实际上政权都操纵在袁世凯和北洋军阀手中。

那天晚上和平常没什么两样，如果子弹不曾射出，那么宋教仁将穿越夜色，在晨曦中抵达北京正阳门火车站，带领刚刚在第一届国会选举中取得胜利的国民党议员，出席首届国会，实现他政党政治的梦想。

1913年3月20日夜10时45分，上海北站，当32岁的宋教仁快要走进站台时，突然一连三声枪响，宋教仁晃了一下，倒在血泊之中。

孙中山为宋教仁题写了挽联："作公民保障，谁非后死者；为宪法流血，公真第一人。"时人感叹："无量头颅无量血，可怜够得假共和。"

一场貌似轰轰烈烈的共和试验，犹如北京宣武门维多利亚样式的民国议会大楼，在目睹了持续十年的争论和冲突后，最终只成为一座建筑遗产。

专家观点⊙

中国的仁人志士向西方学习，一次又一次地失败了。洋务运动失败了，维新运动夭折了，辛亥革命虽然推翻了封建帝制，但最终也失败了，中国陷入了四分五裂的军阀混战。中国今后的路怎么走，中国的先进分子在苦苦探索。就在这时候，爆发了（俄国）十月革命。1917年十月革命爆发以后，马克思主义传入中国。使中国的先进分子用马克思主义来观察中国、解决中国问题。

——中共中央党校教授严书翰

马克思列宁主义与中国工人运动相结合，产生了伟大的中国共产党，在它的领导下，中国社会发生了翻天覆地的变化。

第二十五章
开天辟地

1920年，梁启超结束了为期一年的欧洲游历考察，目睹了一战后欧洲各国凋敝的景象，他在《欧游心影录》中写道："我留欧一年，这罢工风潮，看见的听见的，每月总有几次。""俄国的火盖已自劈开，社会革命，恐怕是二十世纪唯一的特色。我们准备着听战报罢。"

十月革命一声炮响产生的冲击波，回荡在古老中国的上空，一直在黑暗中摸索的知识分子，仿佛看到了黎明前的一道曙光。

马克思主义在中国，一开始便是作为指导当前行动的指南而被接受、理解和运用的，展现出了革命实践的性格。那么，马克思列宁主义和十月革命的道路，是如何被中国所选择的呢？

自1915年开始，一场高举民主与科学旗帜的新文化运动，将为中国酝酿一条新的道路。经历了辛亥革命的失败，先进的知识分子意识到：民主共和的真正敌人，是藏匿于几千年来的思想传统，因此必须从思想文化上冲破封建禁锢。

李大钊在成为马克思主义者之前，热情呼喊着追求进步，肯定进化；而陈独秀则与许多知识分子一样，倾向于"公理战胜强权"的民主主义；胡适则鼓吹以美国学者杜威的实用主义代替儒家学说。

一时间百家争鸣，新旧两派人物对于中国文化与现实道路，展开了激烈的争论。各种党派和学说纷至沓来。但是，残酷的社会现实依然无情地在一幕幕上演：中国的四分五裂如故，劳苦大众的水深火热如故，社会经济的衰败凋敝如故，国家民族命悬一线如故。

十月革命胜利的消息传来，令许多先进知识分子兴奋不已。在他们看来，列宁第一次把一种书本上的学说，变成了活生生的现实。李大钊开始转变成为马克思主义者，他热情赞颂俄国十月革命，并放声预言："试看将来的寰球，必是赤旗的世界。"

1919 年，中国代表团在一战后的巴黎和会中陷入了困境，中国不但不能收回胶东半岛，反而要将它割让给日本，五四运动的怒吼激荡在古老中国的上空。外交的失败，令许多笃信"公理战胜强权"的知识分子无比失望，在北京南城散发传单的陈独秀被捕入狱之后，在给友人的信中愤怒地写道："我期望着以布尔什维克的魄力和手段，来革中国贫穷、愚蠢、孱弱的命。"

当读者翻开停刊 4 个月后再度出版的《新青年》杂志时发现这是一期"马克思主义研究专号"，它系统介绍了马克思主义的政治经济学、唯物史观和阶级斗争学。据不完全统计，当时约有 400 多种报刊，从不同的角度介绍十月革命与马克思主义。

1920 年，毛泽东在长沙聆听了英国大学者罗素的演讲。罗素主张用教育的方法使有产阶级觉悟，不至于妨碍自由、兴起战争、革命流血，毛泽东做了两句评语："理论上说得通，事实上做不到。"正如他后来所说，老虎嘴里是讨不出食来的。为争取人民的权利，必须依靠自己奋斗，必须依靠人民自己壮大自己的力量。

1920 年 2 月中旬，正值中国农历年底，一天中午时分，从北京朝阳门去天津的土路上，一辆骡车缓缓前行。车上坐着的，是当时中国思想界最活跃的两位理论巨擘——陈独秀和李大钊。陈独秀由于在保释期间违反"不得擅自离京"的警告，再次被北洋政府通缉，在李大钊的护送下，秘密取道天津南下上海。在天津码头，两人握手而别。他们商定，由陈独秀在上海展开活动，成立共产党早期组织，李大钊在北京策应。后人称之为"南陈北李，相约建党。"

返回北京的李大钊于 1920 年 3 月 31 日在北京大学成立马克思主义研究会；5 月，陈独秀与李汉俊发起上海马克思主义研究会，并依托研究会加紧筹建政党。陈独秀写信征求李大钊的意见：党的名称，是叫社会党，还是叫共产党？李大钊回复说，就叫共产党。

在上海细雨如芒的时节，毛泽东第二次见到了陈独秀，他们一起讨论马克思主义及组织"改造湖南联盟"的计划。7 月初，当毛泽东告别陈独秀，返回湖南时，炎炎夏季已经到来。毛泽东后来回忆说："1920 年夏天，我已经在理论上和在某种程度的行动上，成为一个马克思主义者。"

1920 年 8 月，在苏联共产党和共产国际的帮助下，上海共产党早期组织成立，陈独秀任书记。据李达回忆，上海组织成立后，由陈独秀和李汉俊找各地的关系，建立共产党早期组织。1920 年 11 月间，毛泽东收到了陈独秀、李达的来信，接受正式委托。在毛泽东、何叔衡等人的积极活动下，共产党早期组织在新民学会的先进分子中秘密诞生。1956 年 9 月，毛泽东在党的八大登记表上亲笔写下了自己的入党时间：1920 年。

1920 年秋至 1921 年春，董必武、陈潭秋、包惠僧等在武汉，王尽美、邓恩铭等在济南，谭平山、谭植棠等在广州，相继建立起党的组织。在日本东京和法国巴黎，中国留学生和侨民中的先进分子也建立了共产党组织。

专家观点⊙

这些事实说明，中国共产党的建立，绝不仅仅是少数人心血来潮的产物，也不是单单依靠外部因素就能产生的，而是许多先进的中国人追求救国救民真理的共同要求，是中国社会矛盾发展客观上需要产生一个先进政党的要求，是中国人民历史选择的必然，是马克思主义和中国工人运动相结合的必然结果。

——中共中央党校党史教研部教授柳建辉

1921年7月，中国共产党第一次全国代表大会在上海望志路106号（今兴业路76号）秘密召开。28年之后，共产党人梦想的那个崭新的中国，岿然屹立于世界的东方。

专家观点⊙

中国共产党的建立，是开天辟地的一件大事，是近代中国革命历史上划时代的里程碑。从此以后，中国人民在中国共产党的领导下，以马列主义为指导，展开了反对帝国主义、封建主义和官僚资本主义的新民主主义革命，为中华民族的伟大复兴展现了前所未有的光明前景。正如毛泽东所说：自从有了中国共产党，中国革命的面貌就焕然一新了。

——中共中央党校党史教研部教授柳建辉

从1922年1月开始，在中国共产党的领导组织和推动下，中国掀起了第一次工人运动的高潮，13个月时间里有30多万人参加了100多次罢工，显示了工人阶级的力量。

这年7月，中国共产党在上海举行第二次全国代表大会，第一次明确提出：党在现阶段的主要任务就是进行反帝反封建的民主革命，还提出要联合全国一切革命党派。

1923 年中共三大后，共产党员以个人身份加入国民党，国共第一次合作开始。孙中山在苏俄帮助下，也在第二年改组国民党，实行"联俄、联共、扶助农工"的政策。农民、工人被组织和动员起来，形成了历史上空前广泛而深刻的群众运动，史称国民革命。

1926 年，国民革命军从广州出发，开始了"打倒列强、除军阀"的北伐战争。

国共两党合作，最终在 1927 年破裂。这一年，蒋介石在上海发动四一二反革命政变，汪精卫在武汉发动七一五反革命政变，大肆屠杀共产党人。轰轰烈烈的大革命，以失败告终。陈独秀的右倾机会主义错误，受到党内严厉批评，被解除总书记一职。而李大钊则在北京被奉系军阀逮捕，经受了严刑拷打之后，这位坚定的马克思主义者，从容走向刑场。中国革命的路在何方呢？

第二十六章
革命新路

　　1927 年 8 月 1 日，中国共产党发动了八一南昌起义，揭开了独立领导武装斗争和创建革命军队的序幕。一个多月后，毛泽东在湖南组织秋收起义，但攻打长沙的计划失败，5000 多人的部队仅剩下不足 1000 人。9 月 19 日，在浏阳的里仁学校召开的前敌委员会议上，毛泽东正式决定放弃攻打长沙这个无法实现的计划，转兵农村。10 天后，到达江西三湾村的毛泽东决定重新改编部队。这个善于从失败中吸取经验教训的革命者，正在用他的思考改变着中国。

　　1927 年大革命失败后，全国进入一片白色恐怖。中国共产党召开八七会议决定进行土地革命和武装反抗国民党反动派的统治。然而，这时发动的城市武装起义挫折不断，很多人对前途感到迷茫。是不是俄国十月革命攻打中心城市的道路行不通？那么革命的路又该怎样走？此时，毛泽东开始用他独到的眼光审视现实，思考未来。

　　三湾改编，制定了"支部建在连上"等一系列"党指挥枪"的建军方略。之后，毛泽东带领队伍向井冈山进发，当月到达井冈山，创建起中国第一个农村革命根据地。在这里，中国共产党立足于农村，开展土地革命，满足了农民对土地的要求。

　　在农村创建革命根据地的过程中，毛泽东先后撰写了《中国的红色政权为什么能够存在？》《井冈山的斗争》《星星之火，可以燎原》等著作。在《中国的红色政权为什么能够存在？》一文中，他说："一国之内，在四周白色政权的包围中，有一小块或若干小块红色政权的区域长期地存在，这是世界各国从来没有的事。"在当时，走俄国革命攻打中心城市的道路，被视为是中国革命唯一正确的道路。

城市武装起义屡遭挫败，想在反动势力强大的大城市中，通过斗争取得革命胜利是不可能的，而农村地区敌人力量相对薄弱，革命力量更容易在敌人统治的薄弱地带生存下来。毛泽东对马克思列宁主义关于武装夺取政权学说进行了发展，决心另辟新路，探索一条适合中国实际的农村包围城市、武装夺取政权的革命新路。

赣南、赣东北、闽西、鄂豫皖、湘鄂西、陕甘边等，这大大小小10多块革命根据地，如星星之火，在中国的大地上展现了可以燎原的生命力。由赣南、闽西根据地发展起来的中央苏区，在毛泽东的军事战略指导下，相继取得了反对国民党四次"围剿"的胜利。

然而，在王明"左"倾错误思想的指导下，毛泽东失去军事指挥权，并被批判为"右倾机会主义"和"游击主义"等，政治生涯跌到了谷底。在第五次反围剿中，红军用阵地战代替了运动战，完全陷于被动。面对着无可挽回的损失，中央红军被迫开始了长征。

遵义古城，那座二层建筑前，如今人来人往，但喧嚣的人流声依然无法遮掩房间内那穿越70多年时空的争论声。1935年1月15日晚上7点多，20位与会者陆续进入，客厅显得有些拥挤。

会议中，以前发言很少准备提纲的毛泽东这次却破例了。他不仅说明了军事失利问题的原因在于进攻时的冒险主义，防御时的保守主义，突围时的逃跑主义，而且阐述了中国革命战争的战略问题，指出了今后的正确方向。博古、李德的最高军事指挥权被取消，重新确立了毛泽东的军事战略主张在党内的领导地位。

与此同时，蒋介石由南京赶往贵州，直接接管了前线指挥权，调集几十万重兵，企图将中央红军围歼于乌江西北地区。

但重新以毛泽东为领导核心的中央红军，此时已如凤凰涅槃般重生。两万五千里长征，以红军三大主力在陕北会师而宣告结束，保住了革命队伍，也挽救了中国革命。1935年12月，毛泽东曾经这样评价长征："长征是宣言书，长征是宣传队，长征是播种机。"

一年之后，震惊中外的西安事变得以和平解决，抗日民族统一战线形成。1937年7月7日，日本发动卢沟桥事变，抗日战争全面爆发。毛泽东面对国内出现的"亡国论"和"速胜论"，于1938年撰写了《论持久战》，系统阐明了持久抗战的总方针和争取抗战胜利的正确道路。共产党领导的八路军、新四军、东北抗日联军，开始活跃于长城内外、大江南北，开辟敌后战场，成为抗日战争的中流砥柱。

1940年1月的一个夜晚，在陕西杨家岭的一间窑洞里，十几岁的勤务员王来音快速走到毛泽东的身旁，强迫他休息一会儿。此时的毛泽东，已经连续工作了几个夜晚。

他在赶着完成一篇演讲稿，为即将召开的陕甘宁边区文化协会第一次代表大会做准备。这篇演讲稿，后来经过修改更名为《新民主主义论》。

专家观点 ⊙

《新民主主义论》是毛泽东的一部标志性著作。在这部著作里，毛泽东依据当时世界力量的消长变化和历史潮流的走向，明确了中国革命是世界无产阶级社会主义革命的组成部分；明确了中国革命必须分为新民主主义革命和社会主义革命两个阶段，而新民主主义革命是在无产阶级领导下进行的，所以它的发展前途，必然是社会主义；同时还明确了，在整个新民主主义革命时期，我们党必须制定和实行既区别于旧的资本主义，又区别于未来的社会主义的新民主主义的纲领，包括政治纲领、经济纲领和文化纲领。毛泽东第一次全面地阐述了新民主主义的理论。

——中国人民解放军国防大学马克思主义研究所原所长姜汉斌

从 1944 年 5 月 21 日到 1945 年 4 月 20 日，党的第七次全国代表大会之前最重要的一次会议在延安召开。这就是历时长达 11 个月之久的六届七中全会。这次会议，通过了《关于若干历史问题的决议》，主要对 1931 年到 1935 年遵义会议四年间的经验教训加以总结，作为全党统一认识、加强团结的基础。会议还有一个重要的任务，就是确定七大的议题。

1945 年 4 月 23 日，党的七大在延安杨家岭中央大礼堂开幕，此时的主席台上悬挂着毛泽东和朱德的巨幅画像，靠墙边插着 24 面红旗，象征着中国共产党 24 年奋斗的历程。在主席台的正上方，一条引人注目的横幅高高地悬挂着"在毛泽东的旗帜下胜利前进！"

1945 年，中国共产党已经在抗击日本侵略者的过程中成长为一个成熟的、强大的党，拥有 121 万党员，军队近百万，根据地人口近 1 亿，成为全国人民抗日救国和民主建国的希望所在。从 1928 年党的六大起，中间经过土地革命战争和抗日战争 17 年的漫长历程，才得以召开一次这样规模盛大的大会。

在一片掌声中，毛泽东开始了他的讲话。为了这次大会，他特意撰写了《论联合政府》的书面报告，并在会前发给代表。但是，当会议开始后，兴奋不已的毛泽东，向全体代表做了口头报告。

专家观点 ⊙

　　七大确定了党的政治路线："放手发动群众，壮大人民力量，在我党的领导下，打败日本侵略者，解放全国人民，建立一个新民主主义的中国。"这次大会还通过了新的党章，规定"中国共产党，以马克思列宁主义的理论与中国革命的实践统一的思想——毛泽东思想，为自己一切工作的根本指针，反对任何教条主义的或经验主义的偏向。"

　　——中国人民解放军国防大学马克思主义研究所原所长姜汉斌

　　从大革命失败到抗战的胜利，在18年的时间里，共产党在中国革命的艰难斗争中，一次次总结经验教训，在政治、军事、经济和思想文化等方面，形成了较为完整的思想体系，为领导人民夺取新民主主义革命在全国的胜利，奠定了坚实的思想理论基础。

　　在七大中中国共产党号召解放军施行军事战略转变和准备全面反攻。七大闭幕后，全国抗战进入了全面反攻阶段。1945年8月15日，日本宣布无条件投降，并于9月2日向同盟国签署投降书，中国人民终于赢得了抗日战争的最后胜利。

　　然而，中国抗战胜利后的形势，正如毛泽东在七大开幕词《两个中国之命运》中所预见的那样：在中国人民面前摆着两条道路，光明的路和黑暗的路；有两种中国之命运，光明的中国之命运和黑暗的中国之命运。那么中国的命运又将去向何方呢？

第二十七章
命运决战

1945 年 8 月 28 日下午 3 时 36 分，476650 号军用飞机在重庆平稳着陆。一个身材高大的中年人走出机舱。他头戴盔式太阳帽，身着蓝布中山装，神态平和安详。他与前来迎接的各界人士一一握手，短暂交谈后，乘坐一辆专车前往桂园，住进了国民党军事委员会政治部部长张治中的公馆。

这个中年人就是毛泽东。他应蒋介石之邀，赴重庆共商国是，希望能够通过谈判，实现"和平建国"。

毛泽东此行，举世瞩目。战后的人们向往和平，对重庆谈判抱有无限的希望。《大公报》记者描述当时各界人士的激动之情："毛泽东先生来了！中国人听了高兴，世界人听了高兴，无疑问的，大家都认为这是中国的一件大喜事。"

那么，重庆谈判能不能实现全国人民的和平梦想呢？战后中国将走什么样的道路、建设一个什么样的国家，成为当时人们关注的焦点。

毛泽东敢亲自来重庆，这大大出乎蒋介石的意料。很多人认为此去重庆，危险重重。而毛泽东却说："历史走到今天，总算出现一次和平民主的机会，我们不能放弃这个机会。事不过三，蒋介石礼数到了。重庆是刀山火海，我也得去啊！"

蒋介石双手沾满共产党人的鲜血，而且有过扣押张学良、杨虎城等很多人的劣迹。从多年后披露的《蒋介石日记》看，当时蒋介石的确一度萌生过扣押毛泽东的念头，但是，这个想法第二天又被他自己否定了。

从 1945 年 8 月 29 日开始，国共两党进行了 43 天的谈判。期间，蒋介石和毛泽东进行了 11 次会面。

10 月 10 日，国共两党在重庆签署会谈纪要，史称《双十协定》。协定确立了和平建国的方针，中国共产党掌握了政治上的主动权。在随后的 1946 年 1 月 10 日至 31 日，由以国民党、共产党、民主同盟、青年党、社会贤达为代表的政治协商会议在重庆召开。会议通过了政府改组案、和平建国纲领案、军事问题案、国民大会案、宪法草案 5 项协议。这次会议在一定程度上有利于冲破国民党独裁统治和实行民主政治，有利于和平建国，因而受到全国人民的欢迎。然而，1946 年 6 月 26 日，国民党军队向共产党的中原解放区发起进攻，和平"死亡"，内战爆发。

专家观点 ⊙

国共两党政治目标的根本性分歧，决定了两党之间的斗争，必然是方向路线之争。由此，解放战争，也就自然成为了决定中国向何处去的决战。

——中国人民解放军军事科学院研究员王幸生

当时，除国共两党外，在中国政坛上还活跃着中国民主同盟等政党和组织。他们既不赞同蒋介石大地主大资产阶级专政国家的设想，也不赞同共产党无产阶级专政国家的设想。他们希望能建立起一个融英美政治民主和苏联经济民主为一体的资产阶级共和国。这些政治主张，被称为"中间道路"或"第三条道路"。但是，民主党派的中间道路的主张，竟然也被蒋介石视为异端。

1946 年 7 月 11 日晚，在昆明青云街通往大兴街的小巷中，一声沉闷的枪响，民盟中央委员李公朴倒在了血泊里。此前，李公朴还一直幻想着能在蒋介石统治下通过和平手段建立民主共和国。

7 月 15 日，李公朴追悼会举行。同为民盟中央委员的著名学者闻一多参加追悼会，即兴发表了著名的《最后一次的演讲》，痛斥国民党反动派的阴险行径。几小时后，闻一多也被暗杀。

"校场口惨案""下关惨案""李闻惨案"等血淋淋的事件，让原本寄希望于在国共两党之间谋求"第三条道路"的各民主党派清醒过来，要想实现民主、取得自由，必须与共产党合作。

在国民党统治区，"反饥饿、反内战、反迫害"的爱国民主运动被残酷镇压，国民党政权彻底失去了民心，而在解放区广泛开展的"土地改革"运动，则使中国共产党赢得了更多人民的支持。人心的向背，决定着这场中国命运之战的走向。

1948 年 4 月 30 日，中共中央通过新华社发表"五一口号"，号召各政党、人民团体、各社会贤达迅速召开政治协商会议，讨论并实现召集人民代表大会，成立民主联合政府。民主人士迅速响应，公开表示中共中央的上述号召"适合人民时势之要求，尤符同人等之本旨"。

西柏坡纪念馆的一个走廊里，墙上刻满了电报报文，整个电报廊长 56 米，展出电报 37 份，多为毛泽东亲笔所书。在这里毛泽东和他的同事们发出了数百封电报，平均每个月收发电报的总字数达到 140 万。从 1948 年 9 月中旬至 1949 年 1 月底，中共中央和人民解放军总部在西柏坡这个小山村，通过电报指挥着几百万的军队，以势如破竹之势，展开了战略进攻和战略决战。辽沈、淮海、平津三大战役，相继打响。长江以北大部分地区胜利解放。

1949 年初，国民党的总兵力已经从战争之初的 430 万下降到 204 万，而人民解放军的总兵力却从 127 万变成了 400 万以上。此时，所有人都意识到，共产党领导的新民主主义革命已经胜利在望。

1949 年 1 月 31 日，苏联共产党中央政治局委员、部长会议副主席米高扬秘密来到西柏坡，同毛泽东等中共领导人进行了 7 天的促膝长谈。毛泽东对米高扬说，到目前为止，中国革命发展较为迅速，军事进展也较快，可能用不了太多的时间，就能过长江，并向南推进。

果然不出毛泽东所料，4 月 20 日，国共二次谈判破裂。此时，长江江面上，已经是万帆如林。共产党的百万雄师，即将横渡大江。

也许是解放的这一刻等得太久，为了支援渡江战役，江边的百姓把沉入江底的船都贡献出来，贴上"渡江胜利"的标语。山东、苏北等老解放区的百姓将自己的海船抬到火车站，让火车运往前线。临时征集来的船工、水手，不少已经是年近六旬的老人，他们发誓要与解放军同生共死。

1 月 21 日宣布下野的蒋介石或许不会想到，南京长江路 292 号总统府，将成为他再也无法返回的故址。中国人民解放军挥师南下。转瞬之间，蒋介石的老巢，卷入红旗的旋涡。

毛泽东在听到占领南京的消息后，兴奋地写了一首诗《七律·人民解放军占领南京》，诗中最后一句"人间正道是沧桑"，抒发了他对革命胜利来之不易的无限感慨。

专家观点

新民主主义革命的目标是推翻帝国主义、封建主义、官僚资本主义三座大山，最终走向社会主义。所以说新民主主义革命，是社会主义革命的必要准备、必经之路，是通向社会主义的直通车。新民主主义革命的胜利，也就为建设社会主义新中国奠定了根本政治基础。

——中国人民解放军军事科学院研究员王幸生

1949 年的阳春三月，中共中央进入北平，梦想开创一个社会主义的新纪元！进京之前，在西柏坡召开的七届二中全会上，毛泽东提出了著名的"两个务必"："务必使同志仍继续地保持谦虚、谨慎、不骄、不躁的作风，务必使同志们继续地保持艰苦奋斗的作风。"

28 年的新民主主义革命，终于使共产党这个朝气蓬勃的政党夺取了全国性的胜利。一个全新的政府、一个全新的国家，即将诞生。

第二十八章
新的纪元

1949 年 4 月 20 日上午 8 点 30 分，就在中国人民解放军百万雄师云集长江北岸，准备开始渡江战役的时候，一艘军舰贸然闯入了解放军和国民党对峙的江面水域。这是英国皇家海军军舰"紫石英"号，解放军对其鸣炮示警，但是它傲慢地亮出英国国旗，并开始调转炮口向解放军阵地开炮。解放军沿江部队予以坚决还击，大炮齐鸣，只用了一个多小时，"紫石英"号便被击伤、搁浅。

这是渡江战役之前的一个小插曲，却有着别样的意味。一个多世纪前，正是英国的炮舰击垮了大清王朝，中国由此成为半殖民地国家，开始了屈辱的近代史；一个多世纪后，在一个崭新的中国诞生前夕，这场炮战似乎是在向全世界宣告，中国任人宰割的历史结束了。两个月后，毛泽东在《论人民民主专政》一文中指出："在野兽面前，不可以表示丝毫的怯懦。"他还强调，新中国的前途是："经过人民共和国到达社会主义和共产主义，到达阶级的消灭和世界的大同。"

1949 年 9 月 21 日晚上 7 时，中国人民政治协商会议第一次全体会议在中南海怀仁堂隆重举行。

这一天，与会者中，83 岁的张元济心情久久不能平复。作为出席新政协的特邀代表，他是唯一一个见过光绪、孙中山、袁世凯、蒋介石等"中国四位第一号人物"的人，作为戊戌变法的亲历者，他几乎目睹了晚清以来所有的改良与失败、革命与热血，乱世中国的动荡起伏、知识分子的荣辱沉浮，都在他的眼底"千帆过尽"。此次北京之行，张元济带了一套林则徐的《林文忠公政书》。他将这位抵御外辱的民族英雄的文集送给毛泽东。这是一个意味深长的礼物。

会议通过的《中国人民政治协商会议共同纲领》宣布："中国人民由被压迫的地位变成为新社会新国家的主人。""中华人民共和国的国家政权属于人民。"

1949年9月30日晚，北京城沉浸在狂欢的喜悦之中。当晚，所有机关、商店的收音机前都挤满了群众。7时30分过后，北京新华广播电台播出了人民政协胜利闭幕、毛泽东当选中央人民政府主席、明日举行开国大典的消息，掌声响成了一片。

由北京电影制片厂和苏联中央文献电影制片厂联合摄制的彩色影片《中国人民的胜利》，记录下了开国大典的部分珍贵镜头。为这部纪录片撰写解说词的，是以苏联文化艺术科学工作者代表团副团长身份参加开国大典的苏联作家西蒙诺夫。当礼炮鸣响的那一刻，他写道："这些大炮是杜鲁门送给蒋介石的，可是他绝没有想到，现在这些大炮，不是来庆祝蒋介石的胜利，而是庆祝中国人民的胜利。"

1949年10月1日下午3时整，毛泽东用他那带有浓郁湖南腔韵的声音宣布中华人民共和国中央人民政府成立的消息时，也同时在向世界宣告一个新纪元的开始。

专家观点 ⊙

新中国的成立，是一个重要的标志，它标志着中国人民推翻了帝国主义、封建主义、官僚资本主义的统治，取得了新民主主义革命的伟大胜利，完成了中华民族伟大复兴所面临的民族独立和人民解放的历史任务，从而为在中国建设社会主义创造了一个根本政治前提。所以新中国的成立，在我们实现民族伟大复兴的历史征程中具有非常重要的意义，它开辟了中国历史的一个新纪元。

——中共中央党校党建教研部副主任戴焰军

蒋介石在广州通过收音机听到了毛泽东在开国大典上的庄严宣告。12月10日下午2时，蒋介石在成都登机，匆匆飞往台湾，孤独的身影，在他曾经统治过的中国大陆上，从此消失了。

在开国大典的第二天，《人民日报》发表了新中国的第一篇社论，题为《不可战胜的人民国家》，社论指出："在中央人民政府业已宣告成立的今天，我们中国人民可以确信：我们已是一个不可被战胜的国家了。"

接下来，清除帝国主义国家在华特权，如疾风骤雨般开始了。

东交民巷，从北京天安门广场南侧向东延伸的一条宁静而普通的小街，这里见证了中国很多近代以来的风风雨雨。根据清王朝与帝国主义列强签订的一系列不平等条约，列强可以在这里驻兵，是"国中之国"。

历史再也不会重演。1949年2月3日，中国人民解放军全副武装昂首从东交民巷旧使馆区穿过以宣誓主权。据时任中共北平第八区工作委员会委员的马句回忆，选择进城路线时，毛泽东主席要求队伍一定要经过东交民巷。自此，中国武装人员不得进入东交民巷的耻辱历史宣告结束。

1950年1月18日新华社评论严正指出："帝国主义者在中国所制造的一切不平等条约和侵略特权，必须废除。"

一张由聂荣臻署名的布告，现由国家博物馆珍藏。1950年1月6日，北京市军事管制委员会颁发布告，收回外国兵营地产，征用其地面上的兵营和其他建筑。美、法、荷领事借口 1943 年与国民党订立的条约条款企图拖延抗拒。但我方态度坚决，终于在 1 月 14 日、16 日收回。4 月，又征用英国兵营。至此，东交民巷外国驻军权被彻底收回。

"解放"成为那个时代最为风行的词语之一。新中国颁布的第一部法律，是婚姻法。1950 年 5 月 1 日，《中华人民共和国婚姻法》颁布，规定实行婚姻自由，禁止重婚、纳妾，禁止童养媳，禁止干涉寡妇自由等。这是几千年来中国社会家庭生活的一个伟大的变革，很多中国人逐步认识到，原来婚姻不是父母能够包办的，原来女人是有权"休夫"的。

在妇女解放等政策出台的同时，一系列以"土地改革"为中心的改革开始了，新民主主义的经济纲领顺利实施。

没收封建阶级的土地归农民所有，没收垄断资本归新民主主义的国家所有，保护民族工商业，是"新民主主义革命的三大经济纲领"。

没收官僚资本为国家所有，在这个基础上建立起强大的国营经济。1949 年，国有经济已经拥有全国电力产量的 58%，原煤产量的 68%，生铁产量的 92%，钢产量的 97%，水泥产量的 68%，棉纱产量的 53%。到 1952 年底，新中国基本上清理了帝国主义在华的经济势力。

新中国成立后，在新解放区，大规模进行土地改革，废除地主阶级封建剥削的土地所有制，彻底完成中国民主革命最基本的一个历史任务。到 1953 年春，包括老解放区农民在内的全国有 3 亿多无地少地的农民无偿获得了约 7 亿亩土地和大量生产资料，免除了过去每年向地主交纳的约 700 亿斤粮食的苛重地租。

新生的人民共和国在大力发展关系国计民生的国营企业的同时，还实施"公私兼顾，劳资两利"的改革，帮助民族资本主义工商业重整旗鼓，使民族工商业继续发展。

专家观点 ⊙

新中国成立以后，在很短时间内，我们就迅速地恢复了国民经济。新民主主义的经济政策得到了顺利的实施，彻底完成了民主革命所遗留下的任务。从1953年开始，生产资料的社会主义改造和大规模现代化建设任务，在中国大地上全面地展开了。

——中共中央党校党建教研部副主任戴焰军

到1952年，我国工农业产值和主要产品的产量均已超过新中国成立前的最高水平。同1949年相比，1952年的职工工资提高70%，农民收入增长30%，人民生活得以改善。整个国民经济焕发出勃勃生机。在此基础上，中国即将踏上一个全新的征程。

第二十九章

春天脚步

从 1949 年 10 月到 1952 年底，经过三年的努力，新中国的国民经济得到全面恢复和初步发展，人民生活水平有了明显提高，土地制度改革和其他民主改革顺利完成，抗美援朝战争也取得重大胜利。选择什么样的道路，实现从新民主主义向社会主义的历史性转变，成为了新的课题。

此时，新的变化在细微之处已经悄然发生。

1952 年 10 月的一天，在北京以东 150 公里的河北省遵化县西铺村，一位叫王国藩的村党支部委员，带领 23 位最贫穷的农民，成立了名为"穷棒子社"的初级农业生产合作社。合作社最值钱的财产就是一头驴，并且这头驴还有 1/4 的使用权属于其他没有入社的村民，因此，穷棒子社又被戏称为"三条驴腿"。

虽然只有"三条驴腿"，但"穷棒子社"迈开的步子却又快又稳，很快成为全国农业合作化运动的先进典型。消息传进了中南海，这让正在酝酿社会主义改造的毛泽东更加坚信，只要全国的"穷棒子"们发扬"三条驴腿闹革命"的精神，只要全国人民拧成一团，一定可以把新中国变成一个富强的社会主义国家。

1953 年 6 月，毛泽东在中央政治局扩大会上，首次提出了过渡时期总路线，这就是：在一个相当长的时期内，逐步实现国家的社会主义工业化，并逐步实现对农业、手工业、资本主义工商业的社会主义改造。这明确地向全国人民提出了建设社会主义的伟大任务，社会主义三大改造的高潮正式兴起。

到 1956 年底，农业生产合作社在全国已经建立了 75.6 万个，96.3% 的农户加入进来，其中高级社户数占 87.8%。本来准备用 3 个五年计划、共 15 年时间完成的农业社会主义改造任务，结果用 3 年时间就全部完成，这种发展速度甚至出乎了毛泽东本人的预料。尽管在后期出现了要求过急、工作过粗等问题，但整体来说，这的确是伟大的历史性胜利。

1952 年，全聚德第四代传人，烤鸭店经理杨福来如沐春风，踌躇满志……然而，就在几个月之前，山穷水尽的他还曾想过变卖这一始于晚清的老字号。

那一天，杨福来垂头丧气地来到信托商店。他变卖了自行车，同时卖掉的还有妻子的嫁妆首饰。拿着变卖家当的这点钱，给员工开完最后的工资之后，杨福来一筹莫展。难道祖辈传下来的牌子，就这样毁在自己手里吗？几天后，全聚德的歇业请求交到了北京市政府，市长彭真说："像全聚德这样的品牌企业必须保留，政府应该给予支持。"

就这样，在岌岌可危的时刻，全聚德通过公私合营的方式保存了下来。如今，在全聚德自己的博物馆里，还保存着当年公私合营的老照片。今天的全聚德人回忆起当年的场景，仍然感慨万千地说："那是全聚德起死回生的一年。"

1956 年全国原有的私营工业 8.8 万余户，有 99% 的企业完成了社会主义改造；原有的 240 万余户私营商业，有 82.2% 实现了改造。

专家观点 ◎

中国共产党依据马克思主义基本原理，结合中国的具体实际，通过国家资本主义的途径，对民族资本主义工商业，采取和平赎买政策，有偿的而不是无偿的，逐步地而不是突然地进行社会主义改造，创造性地开辟了从新民主主义到社会主义的道路，这在社会主义发展史上，是一个了不起的贡献。

三大改造的完成，使中国社会发生了深刻的、伟大的历史性巨变，由此开启了在社会主义道路上实现中华民族伟大复兴的历史征程。

——北京师范大学马克思主义学院教授张静如

1953 年 12 月 24 日，毛泽东乘专列离开北京，并于 27 日夜来到风景如画的杭州。这是新中国成立后毛泽东第一次到杭州，一住就是两个多月。他带来了一个宪法起草小组，开始做一项为新中国法制建设奠定千秋基业的大事，起草《中华人民共和国宪法》。

经过反复讨论斟酌，1954 年 3 月，《宪法（草案）》初稿提交《宪法》起草委员会。6 月开始在全国范围内展开讨论。在接下来两个多月的时间里，全国有 1.5 亿余人参加讨论，提出 118 万多条修改、补充意见和问题，几乎涉及《宪法（草案）》的每一个条款。

和宪法起草同时进行的，还有全国人民代表大会的筹备工作。按照《共同纲领》的规定，我国的政治制度是人民代表大会制度。在新中国成立初期，人民政协全体会议代行人民代表大会的职权。到 1952 年秋，中国人民政治协商会议第一届全体会议已经届满，而召开全国人民代表大会的时机也已经成熟。

人民代表选举工作，在全国人大召开的一年多以前就已经开始了。1953 年 2 月，中央人民政府委员会审议通过了《中华人民共和国全国人民代表大会及地方各级人民代表大会选举法》。

这个选举法的主要特点是选举权的普遍性。它以一定人口的比例为基础，又适当照顾地区和单位，使全国各阶层、各民族在各级人民代表大会中都有相应的代表。

为配合好选举工作，1953年4月，我国开展了第一次人口调查工作。经过全国各地认真进行调查登记、复查核对、补登补报等大量工作，截至调查的标准时间1953年6月30日24时，全国人口总数为六亿零一百九十一万两千三百七十一人，这是中国历史上第一次得到的比较准确的人口数字。

选举法的颁布和实施，获得了极大的成功。经过一年多的紧张工作，全国21万余个基层选举单位、3亿多选民进行了登记，两亿七千八百多万人参加了投票。这不仅在中国，在世界上也是一个空前规模的民主运动。

1954年9月15日，第一届全国人民代表大会第一次会议在北京隆重举行。在1226名出席大会的代表中，有工人农民代表，有各民主阶级、民主党派的代表人物，有劳动模范、战斗英雄，有著名的文学、艺术、科学、教育工作者，有工商界、宗教界人士，还有少数民族、海外华侨代表。

在全体代表热烈的掌声中，毛泽东作了题为《为建设一个伟大的社会主义国家而奋斗》的开幕词，表达了中华民族为建设一个强大的社会主义国家而奋斗的坚定意志。

9月20日，一届全国人大一次会议审议通过了《中华人民共和国宪法》。在9月27日的全体会议上，毛泽东当选为中华人民共和国主席，朱德当选为副主席，刘少奇为第一届全国人大常务委员会委员长，宋庆龄等13人当选为副委员长，根据毛泽东主席的提名，任命周恩来为国务院总理。

9 月 28 日下午 3 时 50 分，在庄严的国歌声中，会议胜利结束。

一届全国人大的召开，标志着人民代表大会制度作为新中国根本政治制度的正式确立。这一时期，以人民民主原则和社会主义原则为特点的《中华人民共和国宪法》颁布实施，共产党领导的多党合作和政治协商制度继续发展，民族区域自治制度也逐步完善，这都充分体现了国家制度建设取得的丰硕成果，构筑了社会主义的基本政治制度体系，为把我国建设成为一个伟大的社会主义国家创造了根本的制度保障。

1958 年，一位高鼻梁、蓝眼睛、白头发的外国人来到中国。他叫尤里斯·伊文思，是荷兰一位著名的电影导演。20 年前，他不畏艰险，拍摄了中国人民反对日本帝国主义的纪录片《四万万人民》；20 年后，当改天换地的巨变让新中国取得了锦绣的开局之时，伊文思再次来到中国，用镜头记录了在社会主义改造后，中国人民的真实生活场景。

这部以《早春》命名的电影的结尾，以激昂的语调讲述道："沉睡的大地已经被春天的脚步震醒，东方的巨龙在春天的原野上飞舞，一个天翻地覆的春天，已经到来了！"

第三十章
激情岁月

在中国唱片公司一层的唱片库里，存放着一张红色老唱片，它是上海唱片公司生产的第一张唱片，名为"中华唱片"，商标图案是天安门和华表，里面只收录了一首歌曲——《我们要和时间赛跑》。

1953年1月1日，《人民日报》发表社论《迎接一九五三年的伟大任务》，指出"这一年是进入大规模建设的第一年"。在党中央的直接领导下，由周恩来、陈云同志主持制定的第一个国家经济建设五年计划开始实施。

第一个五年计划，搭建起的是整个新中国工业化的骨架，被称为"工业化奠基之役"。这一时期，社会主义建设形势一片大好。如何让新中国这艘社会主义巨轮高速、平稳地前进？接下来的路到底该怎么走？没有先例可循，又不能再照搬苏联经验，新中国的建设者们唯有抖擞精神，在探索中继续前行。

一个大规模、有计划的工业建设高潮开始了。钢铁是大工业的基础。鞍钢的建设成为了"一五"计划中钢铁建设的中心。为此中共中央发出了"支援鞍钢"的号召，全国共有55个城市、199家企业从人力、物资、设备等方面支援鞍钢建设。除了钢铁工业，在当时的中国大地上，过去没有的飞机、汽车、新式机床、精密仪表、无缝钢管、塑料、无线电等项目，如雨后春笋般建设起来，全国掀起了工业化生产的浪潮。

从 1953 年到 1957 年，一份份激动人心的捷报不断从各地传来。据当时的第一机械工业部调查，"一五"时期的大中型项目，建成后平均 3 年半就能收回投资，而同期的美国需要 4 年，苏联需要 5 年。全国工业总产值的年平均增长率达到 18%，农业主产也平均增长了 4.5%。

中国共产党人领导的第一个国家建设计划以全面胜利告捷，连西方学者都对此不能不报以公正的态度。《剑桥中华人民共和国史》写道："从经济增长的角度来衡量，第一个五年计划是一个令人吃惊的成就。"

那是一个激情燃烧的年代，笑容成为那个时代最有代表性的表情。人人都精神百倍，干劲十足，唯一的目的就是要为新中国的建设加把劲，再加把劲。

然而，高速发展的背后也有隐忧。农业与工业的发展有失衡的倾向，资源配置出现紧张，一些问题在某些地区显现出来。

1956 年 2 月 14 日，毛泽东简单吃了早饭后，径直走出房门。往常，他习惯于晚上工作。他这个时候出去，即使在身边的工作人员看来，也十分罕见。从这天起，毛泽东用近两个月的时间，听取国务院三十四个部门的工作汇报。毛泽东形容那段日子是"床上地下、地下床上"。

毛泽东在听取"一五"计划编制者之一的李富春汇报时，突然说："农民的收入每年必须有所增加，就是说，90% 的合作社中 90% 的人收入应有增加。现在的危险是基建投资太多了，非生产性的建设也多了，农民是负担不起的。"

就在毛泽东忙于其一生中规模最大的一次经济调查的时候，一份关于苏联的报告摆在了他的桌前。正在召开的苏共二十大，说到了苏联社会主义建设模式的一些弊端。

20 世纪 50 年代初期，面对如何建设社会主义，中国共产党和人民政党难以避免地选择了苏联模式。

"他们走过的弯路，你还想走？过去我们就是鉴于他们的经验教训，少走了一些弯路，现在当然更要引以为戒。"这是毛泽东在 1956 年 4 月 25 日中共中央政治局扩大会议上的讲话。他全面阐述了中国社会主义建设的问题，这就是著名的《论十大关系》。

专家观点 ⊙

《论十大关系》的报告，系统分析和阐述了中国社会主义建设中需要正确处理的各种关系，包括农业、轻工业和重工业的关系，沿海工业和内地工业的关系，国防建设和经济建设之间的关系，提出了调动一切积极因素为中国社会主义建设事业服务的基本方针，明确了必须从本国的实际出发走自己的道路这样一个社会主义建设的根本思想。可以讲，《论十大关系》是中国共产党人探索符合中国国情的社会主义建设之路的成功的开篇之作。

——中国人民大学马克思主义学院中共党史系教授杨凤城

1956 年 9 月 15 日，党的八大开幕了。让所有与会代表感到意外的是，在会议现场，人们没有看到标语，没有看到马克思、恩格斯、列宁、斯大林甚至毛泽东的画像。会议不设接见，也没有典礼，这在国际共产主义运动史上都是空前的。

与《论十大关系》中洋洋洒洒一万多字不同，毛泽东在党的八大会议上的开幕词只有 2000 多字，可却被与会代表的 34 次热烈掌声所打断。

在这次会议上，荡漾着温馨的民主之风。据当时的统计，有 68 人做了大会发言，45 人做了书面发言，另外还有 70 人准备了发言稿，为党的历次代表大会所罕见。国内各民主党派和无党派民主人士代表也第一次被邀请列席大会。

这是中国共产党在党的七大召开的 11 年后，作为执政党召开的第一次全国代表大会。以苏联的经验教训为借鉴，探索一条适合中国国情的社会主义建设道路的任务，就这样摆到了中国共产党面前。

专家观点 ⊙

党的八大正确地分析了国内主要矛盾，已经是人民不断增长的经济文化需要和当前经济文化不能满足这种需要之间的矛盾，确定党和国家工作重心的转移，那就是集中力量发展生产力，把中国从一个落后的农业国尽快地建成一个先进的工业国。1957 年 6 月正式发表的《关于正确处理人民内部矛盾的问题》的讲话，分析了中国国内各种类型的人民内部矛盾，提出了统筹兼顾、"百花齐放，百家争鸣"等重要的原则、方针，这些是党的八大路线的继续和发展。这些标志着中国共产党探索符合中国国情的社会主义建设道路的良好开局，它具有划时代的意义。

——中国人民大学马克思主义学院中共党史系教授杨凤城

在党的八大会议中，代表们常常能够看到一位个子不高、做事十分干练的人，他就是担任大会秘书长的邓小平。毛泽东曾一连用 7 个"比较"评价他："比较会办事、比较顾全大局、比较周到、比较有才干、比较公道、处理问题比较公正、比较厚道。"在毛泽东的大力推荐下，邓小平担任了会议新设立的"总书记"一职，这位在 20 多年后再一次改变中国命运的人，从那时起成为了以毛泽东同志为核心的党的第一代中央领导集体的重要成员。

拭去历史的尘封，党的八大路线仍然熠熠生辉，历史的发展证明，党的八大制定的思想路线、政治路线和组织路线是正确的。然而，由于当时党对于全面建设社会主义的思想理论准备不足，党的八大制定的正确路线没有能够坚持下去，中国的社会主义建设即将经历风雨的考验。

第三十一章
艰辛探索

1956 年 5 月 31 日，武昌汉阳门外烈日当空，一位 62 岁的老人纵身跃入长江中，在浩瀚的江面上挥展手臂，破浪前行。两个小时后，他才意犹未尽地登上船来。随行人员激动地说："真想不到您游得这么好。"老人幽默地说："谁说长江不能游？如果给我一个馒头，还可以再坚持两个小时。"

事实上，毛泽东并不喜欢吃馒头，但他确实喜欢游泳。长江之水凶险莫测，而花甲之年的毛泽东从 1956 年到 1966 年先后 40 多次在长江的万顷波涛中搏击风浪。他经常说："大风大浪也不可怕。人类社会就是从大风大浪中发展起来的。"然而，正是在这十年中，中国社会主义道路的艰辛探索不断考验着中国共产党人。

1957 年 4 月 27 日，中共中央正式发出《关于整风运动的指示》，这次整风实际上也是党的八大提出来的，以正确处理人民内部矛盾为主题。但是，在整风过程中，出现了复杂的情况。5 月中旬，毛泽东写了《事情正在起变化》一文，标志着党中央的指导思想开始发生变化。6 月 8 日，《人民日报》发表《这是为什么？》的社论，反右派运动猛烈地开展起来了。由于当时党对阶级斗争向右派进取的形势做了过分严重的估计，反右派斗争被扩大化。

探索在中国如何建设社会主义，当时面临的主要是两大问题：一个是社会主义条件下的阶级斗争问题，一个是社会主义建设中的规模速度问题。

从新中国成立到社会主义改造基本完成，接踵而至的胜利使缺乏社会主义建设经验的人们以为，社会主义制度加上群众运动将无往而不胜，中国富强的目标完全有可能在一个较短的时间内实现。1958年5月，党的八大二次会议通过了"鼓足干劲、力争上游、多快好省地建设社会主义"的总路线。这条总路线的提出，虽有不少值得肯定之处，但是因为忽视经济规律，急于求成，直接导致了"大跃进"和人民公社化运动的出现。党的八大提出的正确的经济路线被改变了。

1958年11月，毛泽东主持召开有中央和地方部分领导人参加的工作会议，即第一次郑州会议，开始纠正高指标、共产风等"左"的错误。3个月后，为解决人民公社所有制存在的问题，又召开了第二次郑州会议。

专家观点◎

在初步纠"左"的努力中，党中央特别是毛主席提出了一系列符合实际的正确的和很有价值的理论观点，比如说，要划清集体所有制和全民所有制、社会主义和共产主义的界限。另外要反对弄虚作假和不切实际的高指标。但是，由于这些努力毕竟没有摆脱"左"的指导思想的束缚，因此不可能从根本上纠正"大跃进"和人民公社化运动的错误。不久之后的庐山会议使纠"左"变成了反右，中断了纠"左"的努力。

——中国社会科学院原副院长朱佳木

1960年5月25日凌晨，新中国的登山健儿从珠穆朗玛峰北坡成功登顶，这是一次艰难的攀登。此时远在上海的毛泽东，也正在经历着思想上艰难的调整。6月18日，一向工作到凌晨的毛泽东早早起床，用不到两个小时的时间写出了一篇思考已久的文章——《十年总结》。他总结了新中国成立十年间的探索历程，并认识到，"我们对于社会主义时期的革命和建设，还有一个很大的盲目性，还有一个很大的未被认识的必然王国……"。

1961年1月，八届九中全会前后，毛泽东号召全党要"大兴调查研究之风"，搞一个"实事求是年"。这次会议还通过了"调整、巩固、充实、提高"的八字方针，国民经济由"大跃进"转入调整阶段。

1962年1月，中国共产党召开了建党以来人数最多的一次中央工作会议，史称"七千人大会"。会议对近几年的失误进行了深刻反思，在当时历史条件下取得了重要成果。党和国家的注意力，放在了调整国民经济、恢复和发展生产方面，国内形势逐步好转。

1956年到1966年，是党领导我国社会主义建设在探索中曲折发展的十年。这十年中，中国人民坚持独立自主、自力更生，虽然遭受过严重挫折，仍然取得了很大的成就。正如《关于建国以来党的若干历史问题的决议》所评价的："我们现在赖以进行现代化建设的物质技术基础，很大一部分是这个期间建设起来的；全国经济文化建设等方面的骨干力量和他们的工作经验，大部分也是在这个期间培养和积累起来的。这是这个期间党的工作的主导方面。"

1960年，在河南省的林县，人们扛起铁锹，推着小推车，浩浩荡荡地开进了太行山深处，一干就是十年，硬是以山腰为路，将浊漳河的水源通过这条人造的红旗渠引到了林县的地里。

在东北王进喜带领1205功勋钻井队赶赴大庆，五天打完一口井，创造了钻井的最高纪录；唯一见过导弹的钱学森，带领一支没有见过导弹的工作队伍，让第一枚国产近程导弹发射成功。

1964 年 10 月 16 日下午 3 点，中国第一颗原子弹在新疆罗布泊试爆成功。1967 年夏天，又是中国西部上空的一声巨响，宣告了第一颗氢弹爆炸成功。

1970 年 4 月 24 日，中国第一颗人造地球卫星发射成功。这标志着中国的国防尖端科技技术，取得了举世瞩目的成就。1988 年 10 月，邓小平在视察北京正负电子对撞机工程时说：如果六十年代以来中国没有原子弹、氢弹，没有发射卫星，中国就不能叫有重要影响的大国，就没有现在这样的国际地位。

以毛泽东同志为核心的党的第一代中央领导集体，带领全党全国各族人民完成了新民主主义革命，进行了社会主义改造，确立了社会主义基本制度，成功实现了中国历史上最深刻最伟大的社会变革，为当代中国一切发展进步奠定了根本政治前提和制度基础。在探索过程中，虽然经历了严重曲折，但党在社会主义建设中取得的独创性理论成果和巨大成就，为新的历史时期开创中国特色社会主义提供了宝贵经验、理论准备、物质基础。

专家观点 ⊙

中国特色社会主义事业是改革开放后开创的，但是它不是新中国成立的时候在旧中国的烂摊子上开创的，而是在我们已经进入到社会主义建设时期开创的。我们的前 30 年，有失误，有曲折，但是从本质上看，它和后 30 年一样，都是社会主义的实践探索，因此我们不能割断历史，不能用我们的前 30 年来否定后 30 年，也不能用后 30 年来否定前 30 年，应该把它们看成一个完整的有机的整体。

——中国社会科学院原副院长朱佳木

在"七千人大会"快要结束时，毛泽东把自己的《卜算子·咏梅》印发给全体代表。"风雨送春归，飞雪迎春到。已是悬崖百丈冰，犹有花枝俏。"他在告诉大家，即使在严冬，即使经历重重曲折，春天也终将会来临。

第三十二章
拨开迷雾

　　1976 年 10 月 6 日 20 时左右，王洪文、张春桥、江青、姚文元四人及其在北京的帮派骨干被实行隔离审查，史称"粉碎'四人帮'反党集团"。

　　10 月 7 日，邓小平的亲家、邓榕的公公贺彪得知这个消息后，立即告诉正在单位工作的儿子贺平，并要他马上去通知邓家。邓榕回忆：邓小平夫妇和邓林、邓楠、邓榕是在紧闭房门、厕所里放开自来水的状态下，听贺平"传达"这个消息的。邓榕后来在文章中写道："父亲耳朵不好，流水声又太大，经常因为没有听清而再问一句，他手中拿着的烟头轻微地颤动着。"

　　10 月 21 日，人们拥上了长安街，举行庆祝活动。

　　"四人帮"被打倒后，党和国家的政治生活逐步恢复正常，加快"四化"建设，成了全国人民的一致呼声。善于思索的中国人，在亲身经历了整整十年的内乱和浩劫之后，心中积聚了太多的问号："文化大革命"的思想迷雾能否被彻底拨开？中国又将走向何方？

　　十年浩劫，使年轻的新中国经历了严重的挫折，刚刚复苏的中国期待着一次新的出发。

　　然而，1977 年 2 月 7 日，在《人民日报》的一篇《学好文件抓住纲》的社论中，却出现了这样一句话："凡是毛主席作出的决策，我们都坚决维护，凡是毛主席的指示，我们都始终不渝地遵循。"这种提法紧紧束缚住了人们的思想与行动。"两个凡是"使得大量冤假错案难以平反，大批老干部无法出来工作，知识分子仍旧顶着"臭老九"的帽子抬不起头来，这一切都极大地阻碍了拨乱反正和新时期各项工作的开展，这其中也包括邓小平的复出。

这段时间，叶剑英、陈云、李先念、徐向前、聂荣臻、王震、许世友等一大批德高望重的老同志在不同场合以不同的方式向党中央提出，要尽快让邓小平同志出来工作。

"两个凡是"一提出，尚未恢复职务的邓小平就以大无畏的理论勇气和求实精神，旗帜鲜明地提出了反对意见。1977 年 4 月 10 日，邓小平写信给党中央，针对"两个凡是"提出："我们必须世世代代地用准确的完整的毛泽东思想来指导我们全党、全军和全国人民，把党和社会主义的事业，把国际共产主义运动的事业，胜利地推向前进"。随后，邓小平又在同中央办公厅同志的谈话中明确表示："'两个凡是'不符合马克思主义。"

1977 年 7 月，党的十届三中全会一致通过《关于恢复邓小平同志职务的决议》，决定恢复邓小平在党内的一切职务。

1977 年 7 月 30 日晚，北京工人体育场举行北京国际足球友好邀请赛决赛。距开赛还差几分钟时，主席台突然掌声骤起，欢声如雷。麦克风里传出激动的声音："来观看这次比赛的有邓小平同志……"在场的观众情不自禁地欢呼起来。这是邓小平复出后第一次公开露面，消息顷刻间被发往世界各大通讯社。

日本共同社的消息说："8 万观众撇开比赛，霎时都站立起来，向他报以热烈的掌声。"欢呼的人们或许已经意识到：以后的岁月，中国的命运将和这位容光焕发的老人紧紧连在一起。

邓小平复出不到一个月，中国开始了拨乱反正。分管科技和教育工作的邓小平就抓住机会，决定恢复高考。当年就有500多万应考者拥进考场。在中断了十年后，大学的车轮重新转动。知识又重新成为受人尊重、被人渴望与追求的宠儿。

拨乱反正每走一步都遇到"两个凡是"的思想障碍。怎么办？人们不得不思考一个哲学常识：实践还是别的什么，才是检验真理的唯一标准。在位于扬子江畔的南京大学校园里，哲学系教师胡福明利用暑假悄悄做完了一件事，他把自己的思考写成一篇理论文章寄给了北京的《光明日报》，一场针对"两个凡是"的席卷全国的大讨论开始了。

1978年5月10日，在集中多人智慧、反复修改后，定名为《实践是检验真理的唯一标准》的稿子最终在中央党校内部刊物《理论动态》上刊出。5月11日，《光明日报》在第一版刊登了这篇文章。当天，新华社向全国媒体转发，第二天《人民日报》和《解放军报》全文转载，一场针对"两个凡是"的席卷全国的大讨论开始了。

对冲破"两个凡是"，当时党内还没有形成统一的认识。中央一位负责同志召开紧急会议，点名批评了《实践是检验真理的唯一标准》等文章，刚刚兴起的真理标准问题大讨论面临夭折的危险。

1978年6月2日，就在真理标准大讨论的关键时刻，邓小平在全军政治工作会议上发表了重要讲话。不久，许多中国人都知道了这次讲话的内容："如果反对实事求是，反对从实际出发，反对理论和实践相结合，那还说得上什么马克思列宁主义、毛泽东思想呢？那会把我们引导到什么地方去呢？很明显，那只能引导到唯心主义和形而上学，只能引导到工作的损失和革命的失败。"

6月30日，邓小平的讲话又以中央文件的形式下发，对处于关键时刻的真理标准问题大讨论形成了有力的支持。

专家观点⊙

　　这是一个在前进中徘徊的历史时期。关于真理标准问题的大讨论，是在邓小平等老一辈无产阶级革命家领导和支持下，全国范围内广泛参与的大讨论。这场讨论冲破了"两个凡是"的精神束缚、恢复了"实事求是"的马克思主义思想路线，同时对当时全党范围内开展的拨乱反正起到了强大的思想指导作用，更为后来中国特色社会主义新局面的开辟奠定了强大的思想基础。关于这场讨论的意义，确如小平同志当时指出的那样，"这场争论十分必要，意义很大。从争论的情况来看，越看越重要。"他同时指出："关于真理标准问题的争论，的确是一个思想路线问题，是一个政治问题，是一个关系到党和国家的前途和命运的问题。"

　　　　　　　　　　　　——中国人民大学中共党史系教授杨德山

　　拨开"两个凡是"的思想迷雾，解决了许多历史遗留问题。到1985年，经中共中央批准，大量冤假错案得到平反，许多人得到了解脱。

　　冲破了"两个凡是"的樊篱，拨开了十年"文化大革命"的思想迷雾，把人们从长期存在的教条主义和个人崇拜的束缚中解放出来，这是中国共产党历史上的一次伟大的思想解放运动，为此后党的十一届三中全会的伟大历史转折打下了坚实的思想基础和舆论基础，加快了改革开放酝酿的过程，一条新的道路正在展开。

第三十三章
伟大转折

1978 年元旦，《人民日报》、《红旗》杂志、《解放军报》联合发表了元旦社论，标题为：《光明的中国》。

1978 年 11 月 10 日到 12 月 15 日，中央工作会议在北京召开。会议开幕两天后，时任全国人大常委会副委员长的陈云，在东北组发言说：要为薄一波等 61 人所谓叛徒集团案件平反，为在"文化大革命"中被错定为叛徒的人平反，为陶铸等人的问题平反，要肯定彭德怀对革命的贡献，要肯定 1976 年 4 月 5 日的"天安门事件"是一次伟大的群众运动，要批判康生等等。

陈云带着浓重吴语口音的普通话在会场上久久震荡，引起强烈的反响。即使多年后忆及此事时，当时在场的很多人不约而同地用"爆炸性"等词语来形容。

就在陈云发言的第二天，《北京日报》刊登了消息："中共北京市委宣布 1976 年天安门事件完全是一次革命行动。"《1978：我亲历的那次历史大转折》，作者是中国著名经济学家于光远。作为亲历者，于光远从始至终都参加了 1978 年的中央工作会议和十一届三中全会，他把亲身经历的事情，写进了这本书中。于光远说，1978 年的历史转折，"对于今天和未来都有用，甚至宝贵"。

北京京西宾馆，1978 年的中央工作会议在这里举行。此次中央工作会议，正是为即将召开的十一届三中全会做准备。

与会的 200 多名代表，包括中央各部门的负责人、各省级单位党委的两名最高领导和一些德高望重的老干部，以及党内的一些理论工作者。会议主持人是时任中共中央委员会和中央军委主席的华国锋。

这次会议开始后，华国锋首先代表政治局提出了工作重心转移的问题，大家对此是拥护的。然而要真正实现工作重心的转移，必须有思想上和政治上的拨乱反正。

会议进行到第二天，按地区划分的 6 个小组进入分组讨论。据担任会议简报工作的胡丹回忆，当时让大家敞开讲话，畅所欲言。为打消大家的顾虑，服务员一律不许进入会议室。每个会议室准备两个暖水瓶，谁想喝水就自己倒。

正是在这种气氛下，会议没有按照既定的议程讨论农业和经济问题的走向，而是转向人们当时最为关切的问题。

陈云的发言以简报的形式公开后，在全党、全国享有声望的老一辈革命家们纷纷响应支持，连续几天，众多掷地有声的发言在各个小组频频出现。原计划 20 天的中央工作会议也由此被延长为 36 天。

在中央工作会议进行过程中，各个小组每天都会有一份意见的汇总简报，分发给所有的与会者。陈云的发言也出现在了当天的简报中。

邓小平是在会议召开 5 天后，才从国外回来与会的。通过每天的会议简报，他密切关注着会议的动态，并在叶剑英、李先念等中共老同志的支持下，为自己即将开始的"新工作"做准备。

这是会议结束 20 多年后，才被人们偶然发现的一个讲话提纲，3 张 16 开的白纸，有四五百字，用铅笔写成，执笔人是邓小平。早在中央工作会议之前，邓小平已经让胡乔木为他起草了一份讲稿，内容是将未来的工作重点从揭批"四人帮"转移到经济建设上来。他当时的想法是，只要能实现这个转变，就达到了会议的目标。

但会议开始后，拨乱反正成了主要议题，急速扭转的气氛，让邓小平敏锐地觉察到历史性转折的机遇出现了。他果断决定，重新撰写一份讲话稿。

1978军12月2日，为发言撰稿的胡乔木、于光远等人来到邓小平家中。当邓小平打开话匣子，记录人员才发现竟然忘了带笔记本，全身上下，只有一个旧信封，信封上的邮票还被剪去了，留下一个方窟窿。容不得多想，随手就在信封上记了起来。外面都写满了，他又赶紧把信封拆开，密密麻麻把纸的另一面也写满了。

正是根据那份四五百字的提纲，和这张信封上所记录的要点，于是有了那篇日后在中国改革进程中振聋发聩的讲话稿——《解放思想，实事求是，团结一致向前看》。

邓小平指出："今天，我主要讲一个问题，就是解放思想，开动脑筋，实事求是，团结一致向前看……只有思想解放了，我们才能正确地以马列主义、毛泽东思想为指导，解决过去遗留的问题，解决新出现的一系列问题。"

"一个党，一个国家，一个民族，如果一切从本本出发，思想僵化，迷信盛行，那它就不能前进，它的生机就停止了，就要亡党亡国"。

"如果现在再不实行改革，我们的现代化事业和社会主义事业就会被葬送"。

在后来出版的《邓小平文选》收入这篇讲话时做了这样一个注释："邓小平同志的这个讲话实际上是三中全会的主题报告。"

专家观点 ⊙

邓小平同志这个讲话，提纲挈领地抓住了历史转折中最根本的问题，指出了"文革"以后中国向何处去的方向和指导思想。它以全新的理论视角，启发了全党的智慧，振奋了人们的精神，对于推动国家走向建设有中国特色的社会主义道路起到了关键性作用。解放思想，实事求是，团结一致向前看，从此成为中国人民团结奋斗、一心一意搞经济建设的主题口号，成为新时期改革开放的宣言书。

——中国人民大学中共党史系教授何虎生

多年后，有评价说，就像遵义会议代表着中国革命在毛泽东领导下走向新的发展道路一样，这次中央工作会议是邓小平开启改革开放事业的一个决定性事件。

12月18日，星期一，古老的北京城瑞雪飞舞。上午10时，开启改革开放大幕的中共十一届三中全会在京西宾馆召开。

由于有了中央工作会议的充分准备，十一届三中全会的各项议题都进行得顺理成章。会议只进行了5天即告闭幕。全会上，陈云同志当选为中央政治局常委、中央副主席，同时被选为中央纪律检查委员会第一书记。很快，众多在"文化大革命"中遭到不公正待遇的同志，得以重新开始工作。

专家观点⊙

十一届三中全会是在党和国家面临向何处去的重大历史关头召开的。它认真纠正了"文化大革命"中以及以前的"左"倾错误，它高度评价了实践是检验真理的唯一标准问题的讨论，确定了解放思想、开动脑筋、实事求是、团结一致向前看的指导方针，果断地停止"以阶级斗争为纲"的口号，做出了把党和国家工作重心转移到经济建设上来、实行改革开放的战略性决策。所以我们说，这次会议实现了新中国成立以来我们党历史上具有深远意义的伟大转折，开启了我国改革开放历史新时期。

——中国人民大学中共党史系教授何虎生

1978年，全国国内生产总值(GDP)仅有3500多亿元，以当年的9.6亿国人计算，平均到每人每天还不到一块钱。布票、粮票、油票、自行车票……各种生活必需品的票证是当时短缺经济的生动写实。街面上整齐划一的蓝白灰着装，更反映出人们物质生活的匮乏。

十一届三中全会果断停止"以阶级斗争为纲"，将党和国家工作重心转移到经济建设上来。这一伟大决策，对于这个国家和生活在这片土地上的人民所承载的意义，是难以估量的。如今，"三中全会"这4个字已经变成了专属名词，一提起它，人们立刻就能想到1978年那个冬天。

对于许多人来说，1978年是人生中一个重要的转折。这个年份，日后经常出现在人们的履历中，很多人的事业，都是从这一年重新开始。

也正是从三中全会开始，以邓小平同志的为核心的党的第二代中央领导集体，带领全党和全国人民，开始走向中国特色社会主义道路，开始走向改革开放的新时代。

第三十四章

关键一步

1979 年 1 月 11 日上午，人民大会堂福建厅备好了一桌火锅宴，吃的是老北京的涮羊肉。请客的主人是邓小平，客人是被称为"工商界五老"的胡厥文、胡子昂、荣毅仁、古耕虞和周叔弢。十一届三中全会后，中央统战部邀请各民主党派、工商联代表人士聚集北京开会。邓小平知道后，提出要见一见工商界的朋友。他提出一个名单，共 5 人，就是这次火锅宴的客人。

选择在福建厅进行这次会见，邓小平有他的考虑。福建沿海，与台湾隔海相望，散布于世界各地的华人华侨，最早多是从福建沿海出去的。邓小平以此暗示这些民族工商业者充分发挥海外联系面广的特点，积极与外界沟通，内引外联，为祖国的经济建设服务。

改革开放的步伐，已经勇敢地迈开了，并首先在农村取得突破性的进展。阶级斗争与大锅饭，让 20 世纪 70 年代的中国农村，效率低下。农业大省安徽面临的就是这样一个状况。

1978 年，安徽大旱。这对于正常年景也食不果腹的凤阳农民来说，无异于雪上加霜。凤阳小岗村农民，此时做出了一个惊人决定。12 月的一天夜里，村里 18 户农民签订契约，决定将集体耕地承包到户，搞"大包干"。这份后来收藏于中国国家博物馆的"大包干"契约，被认为是中国农村改革的第一份宣言。

走投无路后想出的法子，居然见效了。"大包干"第一年，小岗村就实现了大丰收。在时任安徽省主要领导万里同志的推动下，小岗村经验在全省推广。小岗村包产到户，一度争议极大，关键时刻，邓小平旗帜鲜明地表示了支持。此后，以"家庭联产承包责任制"命名的农村改革迅速推向全国。

家庭联产承包责任制，是中国经济体制改革的第一步，这一步的影响格外深远，它解决了人口第一大国的基础问题。同样在 1978 年，中国顺应了"中国的发展离不开世界"的趋势，将中国的发展融入世界发展的大潮中，使我国能在利用人类文明成果的基础上发展现代化，使社会主义充满了生机和活力。

1978 年，在中国西南一家大型炼钢厂，一位日本记者惊讶地发现，这家年产 30 万吨原钢的工厂，使用的机械设备全都是 20 世纪 50 年代之前的，其中，居然还有一台 140 年前的英国机器，他完全不敢相信自己的眼睛。

在一个日益开放的世界里，长期封闭，只会导致道路越走越窄。当年 5 月，副总理谷牧带队赴西欧五国考察，这是"十年动乱"后，中国迈出的了解世界的第一步。一个多月马不停蹄的考察，考察团真切地看到了这样一幕幕场景：电脑代替了人脑，自动化代替了"人海战"，机器人在高速为人类创造着物质财富。

回国以后，谷牧向邓小平汇报了出访情况，并提交了一份《关于访问欧洲五国的情况报告》。在报告中他说："我们现在达到的经济技术水平，同发达的资本主义国家比较，差距还很大，大体上落后二十年，从按人口平均的生产水平讲，差距就更大。我们一定要迎头赶上，改变这种落后状况。"

就在考察团回国后不久，1978 年 10 月 22 日，在《中日和平友好条约》正式生效之际，邓小平作为中国国家领导人，二战后首次正式访问日本。他怀着浓厚的兴趣走访了新日铁、日产汽车和松下电器等三个大企业。当他看到日本工厂生产汽车的能力是中国长春一汽生产能力的几十倍后，陷入了深深的沉思。参观结束后，邓小平说："我懂得什么是现代化了。"在日本新干线列车上，陪同人员问邓小平的感受，他爽快地回答说："就感觉到快，有催人跑的意思，我们现在正合适坐这样的车。"

1978 年是中国领导人出国访问的高峰年，这一年先后有 12 位副总理、副委员长以上的领导人出访 20 次，访问了 51 个国家。大病初愈的中国，再也不能错失发展的机会了。

1979 年 1 月 28 日，农历正月初一，邓小平飞赴太平洋的彼岸——美国。这是中华人民共和国成立后中国领导人对美国的第一次访问。在美国，邓小平戴着牛仔帽一脸笑容的照片，成了他访美的象征。

1978 年 10 月，邓小平在会见联邦德国新闻代表团时，第一次明确使用了"开放"一词，他说："你们问我们实行开放政策是否同过去的传统相违背。我们的做法是，好的传统，必须保留，但要根据新的情况来确定新的政策。"邓小平的谈话，后来就媒体解读为"下定了对外开放的决心"。中国的大门由此开始向世界敞开。

当月，在北京饭店，时任第三汽车制造厂重型汽车厂筹备处负责人的李岚清，在同美国通用汽车公司谈判重型汽车项目的技术引进时，通用公司董事长汤姆斯·墨菲向他抛出一个他从来没听过的问题："为什么你们只同我们谈技术引进，而不谈合资经营？"李岚清后来回忆："当时在他看来，合资经营就好比是'建立共同家庭'，你是大资本家，我是共产党员，我能和你'结婚'吗？"

李岚清后来写的这份简报引起党中央、国务院领导的高度重视，领导同志都一一圈阅，邓小平在简报上关于通用汽车公司建议搞合资经营的内容旁批示"合资经营可以办"。李岚清后来回忆，得知这个消息，大家感到十分惊喜，感到禁锢的思想一下子被解放了。由此，开辟了一条我国利用外资扩大生产的道路，一种新的经济形式产生了。

外面的资金进来了，技术进来了，商品进来了，游客进来了。打开国门，中国人开始走向世界。但问题是，不仅是走出去，还有人"逃出去"。"逃港潮"，如今已经消失的名词，在广东却一度触目惊心。事件发生地，大家非常熟悉，那就是深圳。

在早年的香港电影里，与内地人有关的镜头似乎只有一种类型——偷渡，也就是当时所说的"逃港"。"内地劳动一个月，不如香港干一天"的说法，曾在广东沿海盛行。

1979年4月下旬，担任广东省委主要领导工作的习仲勋和杨尚昆代表省委，正式提交创办贸易合作区的建议，在广东实行特殊政策和灵活措施。邓小平当时的表态很直接：还是叫特区好，过去陕甘宁边区就是特区嘛。中央没有钱，你们自己去搞，杀出一条血路来！

1979年7月15日，中共中央、国务院明确提出先在深圳、珠海试办"出口特区"，待取得经验后，再考虑在汕头、厦门设置。7月20日，广东蛇口，人们移山填海，兴建码头。在当年林则徐、关天培抗击英国侵略者的蛇口左炮台下，中国经济特区的发轫地——蛇口工业区诞生了。1980年，"出口特区"被定名为"经济特区"；1984年，沿海14个城市对外开放。南风北上，开放之势，不可阻挡。

如今的深圳早已成为改革开放的精彩缩影，"逃港"变成了一个废弃的名词。内地的居民仍然频繁往来于香港的大街小巷，他们已经成为香港旅游购物的生力军。2012年，内地赴港游客已达3491万人次。短短几十年，他们的角色已经发生了翻天覆地的变化。

专家观点 ⊙

　　包产到户和兴办特区，标志着中国的改革开放扬帆起航。这是我国为求国家强盛、人民富裕迈出的惊世一步。从此，由农村到城市、由经济领域到其他各个领域，全面改革的进程势不可当地展开；由沿海到沿江沿边，由东部到中西部，对外开放的大门毅然决然地打开改革开放扬帆不久，人们就自豪地把它称为中国的强国之路，后来人们更把它视为决定当代中国命运的关键抉择，发展中国特色社会主义、实现中华民族伟大复兴的必由之路。

　　　　　　　　　　——原中共中央文献研究室研究员刘金田

　　改革开放扬帆起航，前景激动人心，正确回顾历史，才能使前进的步伐更加坚实有力。为了正确地回头看，中国共产党认真准备了近两年。

第三十五章
历史决议

　　1980 年的 8 月，北京烈日炎炎，一位意大利女记者来到北京，她准备了一系列尖锐的问题来采访邓小平。这位女记者名叫奥琳埃娜·法拉奇。据说，就连美国国务卿基辛格博士，都曾被她的尖锐提问弄得下不来台。这次她也是有备而来，这些问题将涉及当时中国最敏感的话题。

　　8 月 21 日，邓小平在人民大会堂第一次会见了法拉奇。法拉奇的第一个问题是："天安门上的毛主席像，是否要永远保留下去？"邓小平回答："永远要保留下去。""我们不但要把毛主席的像永远挂在天安门前，作为我们国家的象征，要把毛主席作为我们党和国家的缔造者来纪念，而且还要坚持毛泽东思想。"

　　法拉奇一共采访了邓小平两次，加起来有 4 个多小时，她的提问针针见血，邓小平的回答坦诚睿智。整个访谈只围绕着一个问题：怎样评价毛泽东？谈话记录分两次全文发表在了 1980 年 8 月 31 日和 9 月 3 日的《华盛顿邮报》上。邓小平接受法拉奇的采访，绝非是他的应急之作，那是他对一系列重要问题经过周密思考的结果。

　　就在法拉奇两天采访的间隔——8 月 22 日，邓小平在中央政治局扩大会议各小组召集人汇报会上说："现在正在准备搞一个关于若干历史问题的决议，主要是把建国后三十年的历史清理一下。"这个决议的核心问题就是怎样评价毛泽东。

在法拉奇采访邓小平之前，7月30日，长期挂在人民大会堂的毛泽东画像被取了下来。同时另外两块永久性标语牌也被拆除。由于标语牌过于巨大，拆除过程中还动用了吊车、卡车。

把开国领袖毛泽东的画像从人民大会堂取下来，被认为是具有"象征性的行动"，在第一时间传遍了西方世界，引起了多方的猜测。邓小平接受法拉奇的采访，其实就是要向外界传达一个重要信息：中国要改变对领袖的个人崇拜，但同时仍将坚持和发展毛泽东思想。

其实，在毛泽东1976年去世之后，全世界就已经开始议论和揣测"毛泽东以后的中国"。中国社会自身也面临着一个极其尖锐的问题：如何正确评价毛泽东和毛泽东思想？如何看待毛泽东晚年的错误？这些问题不解决，全党的思想就不能统一，就谈不上进行改革开放和新时期的社会主义建设。

"社会实践是检验真理的唯一标准"，是毛泽东在1963年就已经提出的观点。而当1978年5月11日，《光明日报》上发表了题为《实践是检验真理的唯一标准》的特约评论员文章以后，持"两个凡是"观点的人却指责这篇文章的内容是"砍旗"，是否定毛泽东思想。

同时，也有一些人存在着另外一种错误倾向，准备仿效苏联当年全盘否定斯大林那样，全盘否定毛泽东，甚至有少数人夸大党在过去工作中的错误，企图否定党的领导，否定社会主义道路。

针对这种情况，1979年3月30日，邓小平代表中共中央在北京召开党的理论工作务虚会上做了题为《坚持四项基本原则》的讲话。

邓小平："我今天要说的是思想政治方面的问题，中央认为，我们要在中国实现四个现代化，必须坚持四条基本原则，第一，必须坚持社会主义道路；第二，必须坚持无产阶级专政；第三，必须坚持共产党的领导；第四，必须坚持马列主义、毛泽东思想。中央认为，今天必须重复强调，坚持这四个基本原则，因为某些人，哪怕是极少数人，企图动摇这些基本原则，这是绝不许可的。"

为了从根本上纠正"左"的和"右"的错误倾向，把全党和全国的思想统一到三中全会的路线上，邓小平认为，对新中国成立以来的历史经验进行认真全面总结的时机已经成熟。他说，从国内来说，党内党外都在等，你不拿出一个东西来，重大的问题就没有一个统一的看法，国际上也在等。人们看中国，怀疑我们安定团结的局面，其中也包括这个文件拿得出来拿不出来，不能再晚了，晚了不利。

1979 年 9 月 29 日，叶剑英在国庆 30 周年之际代表中央发表讲话，对新中国成立以来的历史做了初步而郑重的总结，随后，中共中央决定成立《关于建国以来党的若干历史问题的决议》(简称《决议》)起草小组，由邓小平等亲自主持，胡乔木具体负责。

《决议》是一个"重大理论工程"，从起草到完成历时一年零三个月。前后经过了 4000 人大讨论、中共高层几十人讨论、政治局扩大会议讨论和六中全会预备会议讨论等四轮讨论。

从 1980 年 3 月到 1981 年 6 月，邓小平多次谈过对决议稿的起草和修改意见。他说："对毛泽东同志的评价，对毛泽东思想的阐述，不是仅仅涉及毛泽东同志个人的问题，这同我们党、我们国家的整个历史是分不开的。毛泽东思想这个旗帜丢不得，丢掉了这个旗帜，实际上就否定了我们党的光辉历史……要看到这个全局。""如果不写或写不好这个部分，整个决议都不如不做。"

《决议》要解决的核心问题，是确立毛泽东同志的历史地位，坚持和发展毛泽东思想。而对毛泽东同志和毛泽东思想如何评价，又都与如何看待毛泽东同志晚年的错误密切相关。

　　人们所说的毛泽东同志的晚年错误，主要是指"文化大革命"。"文化大革命"实际上是一场由领导者错误发动，被反革命集团利用，给党、国家和各族人民带来严重灾难的内乱。内乱使中国丧失了宝贵的历史机遇。

　　专家观点⊙

　　为确立毛泽东同志的历史功绩，《决议》全面评价了毛泽东同志一生的功过，既充分肯定了毛泽东同志的伟大功绩，也深刻分析了他所犯的严重错误。

　　但是《决议》强调，这些错误毕竟是一个伟大的无产阶级革命家所犯的错误，不能把这些错误归结于个人品质，因为这些错误有当时的社会历史条件，也有一些制度方面的原因。

　　　　　　　　　　　　　　——北京师范大学教授王炳林

　　经过全会讨论，《决议》做出了这样的评价：毛泽东同志是伟大的马克思主义者，是伟大的无产阶级革命家、战略家和理论家。他虽然在"文化大革命"中犯了严重错误，但是就他的一生来看，他对中国革命的功绩远远大于他的过失。他的功绩是第一位的，错误是第二位的。

　　邓小平曾经深情地说："他多次从危机中把党和国家挽救过来。没有毛主席，至少我们中国人民还要在黑暗中摸索更长的时间。"

　　美国学者罗斯·特里尔指出："如果毛泽东不在 20 世纪 30 年代成为领袖，那么中国共产党在 1949 年就不可能掌权。"

　　专家观点⊙

　　《决议》一个很重要的工作，就是要把毛泽东思想和毛泽东晚年的错误严格地区分开来。它明确地指出，毛泽东思想是中国革命和建设全部实践活动的理论升华和科学的总结。毛泽东同志的科学的思想属于毛泽东思想的科学体系，而毛泽东的晚年错误不属于毛泽东思想的科学体系。同时，《决议》还指出，毛泽东思想是集体智慧的结晶。

——中国社会科学院原副院长李捷

1981年6月，又是一个火热的夏天。党的十一届六中全会在北京召开，《关于建国以来党的若干历史问题的决议》获得了一致通过，我们党在指导思想上完成了拨乱反正。《决议》既纠正了毛泽东的晚年错误，又维护了毛泽东的历史地位和毛泽东思想。拨乱反正后的中国，心无旁骛地开始了经济建设。而改革开放的程度究竟要多大，成为摆在中央领导人面前的又一道选择题。

第三十六章

开辟新路

1982 年 1 月 1 日，中共中央发出第一个关于"三农"问题的"一号文件"，明确指出：包产到户、包干到户，"是社会主义农业经济的组成部分"。从此为"包产到户"正了名，上了社会主义的户口。

这一年，深圳挂上"经济特区"的头衔还不到两年，但街头已经满是仅从外表就能很容易分辨出的两种人：土生土长的内地人和打扮时尚的香港人。

农村的家庭联产承包责任制和经济特区的开辟，是中国对内改革和对外开放的两个起点。1982 年《人民日报》发表的元旦社论说："我们今天确实处在一个由乱到治、由穷到富的大变化大发展的历史潮流中。"然而，大步虽然已经迈开，但路的方向还在不断探寻和调整。

1982 年 7 月 1 日，我国第三次人口普查表明：中国人口超过 10 亿。这一年，邓小平 78 岁。什么是社会主义？在一个 10 亿人口的大国，怎样建设社会主义？这两个大大的问号，一直萦绕在他的心中。从 1978 年底提出启动改革开放，经过 3 年多的试验与积淀，邓小平感到，全面开创社会主义现代化建设新局面的时机来临了。

1982 年 9 月，党的十二大在北京召开。大会主题是全面开创社会主义现代化建设的新局面。正是在这次大会的开幕词中，邓小平创造性地提出了一个发展概念。

邓小平谈道："我们的现代化建设，必须从中国的实际出发……把马克思主义的普遍真理同我国的具体实际结合起来，走自己的道路，建设有中国特色的社会主义，这就是我们总结长期历史经验得出的基本结论。"

专家观点 ⊙

邓小平的这段讲话，是对我们党成立以来，特别是新中国成立33年来正反两个方面经验的深刻总结，是对如何开创我国社会主义现代化建设新局面的科学回答，为我国在新时期如何开创建设社会主义的新路提供了根本的理论指导。从此，我们正在开创的社会主义建设道路，被称为建设有中国特色的社会主义道路；我们所要建设的社会主义，被称为有中国特色的社会主义。

——中国人民大学马克思主义学院教授秦宣

从实际出发，建设有中国特色的社会主义，是十二大的关键词。那么，当时中国的"实际"是什么呢？就是一个字"穷"。10亿人口，8亿在农村。那时，农村的贫穷状况因为实行联产承包责任制刚开始改观，而另外一场旨在让农民富裕起来的重大变革也在悄然进行，多年后，这一现象被邓小平称为"异军突起"。它，就是乡镇企业。

1983年春天，江苏省江阳县华西大队出了一件新鲜事儿：他们要为自己办的乡镇企业招聘合同工。消息一出，十里八乡的农民都来报名，当时华西大队一个强劳力的月工资有150元，比全国平均水平高出一两倍。

在这一年，另一个值得记忆的事件出现在6月6日召开的六届全国人大一次会议上。两个个体户作为人大代表出席了会议。美国的《华盛顿邮报》在报道这一消息时说，选举他们为人民代表，"对个体工商业人员是个重要的支持，使他们有了政治地位"。

解除了僵化体制的束缚，在中国的广阔土地上，到处都表现出人民被激发出的空前创造力。20 世纪 80 年代，像华西村这样以集体经济占主导的"苏南模式"、以个体工商户为主体的"义乌模式"、以家庭工业为主体的"温州模式"，以及借助与港澳的联系发展起来的、以来料加工为主体的"珠江模式"纷纷发展起来。

1983 年年初，我国的个体经营者达到 150 万家，是 1979 年开始为个体户登记时的 33 倍。"个体经济是社会主义公有制的补充"，被写进了 1982 年《宪法》。

1984 年，邓小平在会见日本客人时，首次对中国特色社会主义的问题做出了较为系统的阐述，其后又发表过多次重要讲话。他说："什么叫社会主义，什么叫马克思主义？我们过去对这个问题的认识不是完全清醒的。……社会主义阶段的最根本任务就是发展生产力……贫穷不是社会主义。""我们提出四个现代化的最低目标，是到本世纪末达到小康水平。"

"小康"这个概念的提出，是在中国改革开放刚刚破题的 1979 年。这年日本首相大平正芳访华。在回答大平正芳对于中国四个现代化真实含义的疑问时，邓小平说："我们的四个现代化的概念，不是像你们那样的现代化概念，而是'小康之家'。……比如国民生产总值人均一千美元……中国到那时也还是一个小康的状态。"

从此，"四个现代化"不仅有了具体的量化标准，而且有了一个中国老百姓易于理解的词——"小康"。

1982 年，党的十二大正式把"小康"写入了行动纲领，并同时提出，到 2000 年，我国的工农业年总产值要比 1980 年翻两番。

1983 年 2 月 5 日，邓小平前往江苏苏州、浙江杭州等地考察。

党的十二大刚刚结束不久，苏州和全国一样，都在讨论"翻两番、奔小康"的问题。邓小平问："到 2000 年，江苏能不能实现翻两番？"苏州的同志回答："我们估计苏州这个地方，'翻两番'不要到 2000 年。"

在杭州，邓小平又问了类似的问题，时任浙江省委书记的铁瑛说："我们分析了全省工农业发展情况，到 2000 年翻两番半或三番是可能的。"

这次南方视察，增强了邓小平对实现"翻两番、奔小康"目标的信心。在返京的列车上，有人问邓小平的感受，他高兴地说："到处喜气洋洋！"也是从这一年起，邓小平开始将注意力投向了中国更长远的发展规划问题。

1987 年 4 月，邓小平会见西班牙工人社会党副书记、政府副首相格拉，此时，提出小康目标已经过去了好几年，格拉称赞中国发生了明显的变化。

邓小平："我对一些外宾说，这只是小变化。翻两番，达到小康水平，可以说是中变化。到下世纪中叶，能够接近世界发达国家的水平，那是大变化。到那时，社会主义中国的分量和作用就不同了，我们就可以对人类有较大的贡献。"

在这次会晤中，邓小平说："这是我们的雄心壮志。目标不高，但做起来可不容易。……那时，我这样的人就不在了，但相信我们现在的娃娃会完成这个任务。"

1987 年，党的十三大召开前夕，邓小平又告诉前来访问的意大利共产党领导人："我们党的十三大要阐述中国社会主义是处在一个什么阶段，就是处在初级阶段，是初级阶段的社会主义"，"一切都要从这个实际出发，根据这个实际来制订规划"。

1987 年 10 月 25 日，党的十三大召开，这次大会第一次比较系统地论述了社会主义初级阶段的理论，认为我们将长期处于社会主义初级阶段，现阶段面临的主要矛盾，是人民日益增长的物质文化需要同落后的社会生产之间的矛盾；大会提出了"一个中心、两个基本点"的基本路线；确立了我国现代化建设三步走的战略。

改革开放40多年来，"三步走"的战略规划，前两步早已提前完成，第三步目标，距离我们也并不遥远。

专家观点⊙

社会主义初级阶段的含义：一是我国已经是社会主义社会，二是我国的社会主义社会还处在初级阶段。其时间界限，是从20世纪50年代生产资料社会主义改造基本完成，到社会主义现代化的基本实现，至少需要上百年时间。我们必须了解我们所处的历史阶段，任何工作都不能超越这个阶段。提出初级阶段理论和"三步走战略"，使党对社会主义建设的长期性、复杂性、艰巨性有了更加清醒的认识，具有重大的理论和实践意义。

——中国人民大学马克思主义学院教授秦宣

1984年在国庆35周年游行队伍中，北京大学的学生打出了一条写有"小平您好"的横幅，这是一种发自内心的问候，也是对邓小平领导的走中国特色社会主义道路的支持和拥护。那么，在邓小平改革开放谋发展的宏大构想中，又将如何看待复杂的国际形势，如何标定中国所处的历史方位呢？

第三十七章
时代主题

1985 年 6 月 4 日，北京西长安街京西宾馆内，中央军委扩大会议正在召开。时任中央军委主席的邓小平在讲话中轻轻地伸出了一根手指头，宣布中国人民解放军将裁军 100 万。

裁军，对于全世界来说不是新题目。在冷战时期，超级大国之间频繁上演裁军谈判的游戏，军备竞赛却愈演愈烈。"裁军"俨然成了一个响亮却又空洞的口号。

国外媒体评论，中国裁减军队员额是同邓小平实现国防现代化、老干部退休、提拔有知识的干部、消灭人浮于事的现象，以及国防军和军队建设服务于国家经济建设大局等举措相一致的。一家联邦德国报纸说，现在世界上都在谈裁军，可是迄今为止只有中国人言行一致。几年后，世界各国政治家在谈到中国共产党和中国政府的这一举措时，仍赞不绝口。

100 万军队，约占当时中国军队人数的 1/4，大裁军对中国军队来说是一次从上到下、从里到外的"立体振荡"，是对一个庞大体制实施脱胎换骨的大手术。世人在感叹中国人魄力的同时，也抱有巨大的疑问：在冷战的阴霾尚未散去之际，中国却单方面提出裁军百万，这种敢为天下先的壮举，背后的原因到底是什么呢？改革开放的中国又将以怎样的姿态去面对世界呢？

1949 年新中国成立以后，新生的人民共和国长期处于战争的威胁之中，同时霸权主义的威胁也一直存在。

在这种严峻的国际形势下，毛泽东和周恩来在 20 世纪 70 年代初开始调整中、美、苏之间的关系，通过请美国作家斯诺传话、邀请美国乒乓球队访华，发出愿与美方接触、争取打开中美关系僵局的信息。1971 年 7 月 9—11 日，基辛格秘密访华，双方讨论了国际形势及中美关系问题，并就尼克松访华达成协议。1972 年 2 月 21 日，美国总统尼克松访华。2 月 28 日，《中美上海联合公报》发表，宣布两国关系走向正常化。此后又经过一段时间的思考，毛泽东对整个世界格局做出了新判断，提出"三个世界"划分的思想。

1974 年 4 月，联合国大会召开第六届特别会议，会议将围绕原料和发展的主题，专门讨论改造国际经济关系的重大问题，这在联合国的历史上还是第一次。党中央对这次会议高度重视，但当时周恩来已经是身患重病，不宜远行，由谁来担任代表团团长成为一道难题。外交部酝酿了 3 个团长人选，当报告到了毛泽东手里时，他想了想，却说出了另外一个名字——邓小平。

此时，第二次复出的邓小平，刚刚从下放 3 年之久的江西省新建县拖拉机厂回到北京，恢复了国务院副总理职务。这位具有丰富外交经验的 70 岁老人，再一次登上了新中国的外交舞台。

1974 年 4 月 9 日，联合国大会第六届特别会议召开。一个来自中国的小个子，身穿黑色中山装，健步走上讲台。台下 100 多个国家的代表团成员都在凝神倾听，记者席和旁听席上也挤满了不同肤色的听众。每个人都清楚，邓小平是新中国成立以来，在中美尚未建交的情况下，第一位来到纽约出席联合国会议的中国领导人。

联合国会议大厅里响起了坚定、明朗又带着四川口音的普通话。

邓小平详细阐述了毛泽东的"三个世界"的理论，并强调"中国是一个社会主义国家，也是一个发展中国家。中国属于第三世界。中国现在不是，将来也不做超级大国"。

发言结束后，会场里响起热烈的掌声，中国代表团席位前排起了长龙，几十个国家的代表来到邓小平面前，与他热情握手并表示祝贺。

联合国大会第六届特别会议召开之后，邓小平这个名字震动了整个世界。中国永不称霸的承诺，受到了第三世界国家的热烈欢迎。在"三个世界"理论的指引下，到1979年年底，同中国建交的国家已达120个，遍及五大洲。这是对中国的认同，更是对和平的认同。

1985年3月4日，邓小平会见了日本著名的经济团体——日本商工会议所访华团。他以敏锐的洞察力，提出了一个重要观点："现在世界上真正大的问题、带全球性的战略问题，一个是和平问题，一个是经济问题或者说发展问题。和平问题是东西问题，发展问题是南北问题。概括起来，就是东西南北四个字。南北问题是核心问题。"

经过长期观察和科学分析，依据新时期国内建设的需要和国际形势的发展，邓小平在1985年的中央军委扩大会议上做出了"战争不是不可避免的"判断。继而提出了"两个转变"的思想。第一个转变是不再认为战争迫在眉睫，而当代世界的主题是和平与发展；第二个转变是指从反对苏联霸权主义"一条线"的战略到全方位外交的对外政策的转变。百万大裁军的决策，正是在准确判断世界发展走向、准确把握时代脉搏的基础上做出的。

从1978年到1986年，国家基本建设投入、科教文卫投入、城市维护建设投入等财政支出大幅增长，其间国民经济年均增长超过9%，国家财政收入大幅增长。

专家观点 ⊙

邓小平关于时代主题的判断，深刻地揭示了当今世界面临的主要矛盾和根本问题，为中国共产党制定内政外交各方面的政策提供了基本依据。在此基础上，党的十三大报告正式提出了"和平与发展是当代世界的主题"这一科学命题，制定了以经济建设为中心的基本路线，全国上下开始了一心一意建设四个现代化的历史进程。

——中国人民解放军后勤指挥学院教授邵维正

外部环境的改善，打开了中国通向世界的大门，一个全新、自信、渴望学习和交流的中国出现在世人面前。这种改变也在悄悄地改变着渴望知识、追寻梦想的中国年轻人的命运。

"今晚9点02分，在首都国际机场我登上了波音747飞机，离开了中国飞往巴黎。"这是一本已经泛黄的日记，写于1984年。这是20世纪80年代初，很多出国留学的年轻人最常书写在日记中的场景。追赶时间，学习国际先进技术，已经成为那个时代最为迫切的主题。1978年，邓小平提出要向西方世界派遣留学生，而且不是一个两个，要派就成百上千地派。

从1978年至1985年7年间，中国共派出公费留学人员20000人，其中理工科学生人数占85%。40年后的今天，这群改革开放后踏出国门的学子，很多已成为中国科教事业发展的领导者、参与者，成为著名的科学家和高技术研发的领军人物。

有"走出去"，当然还要有"请进来"。面对开放的中国，许多外国人也开始陆续走进这个有着5000年文明史的东方国度。技术人员、学生、商人、旅行者，他们开始更广泛地游历中国，了解中国。改革开放的中国，以崭新的形象得到了世界的瞩目。

然而，时光到了 20 世纪 80 年代末 90 年代初，随着东欧剧变、苏联的解体，美国等西方国家失去了最大的竞争对手，便开始把中国作为新的"靶子"，乘势对中国加以遏制和封堵。

面对国际风云变幻和种种现实压力，1989 年 9 月 4 日，邓小平在与几位中央负责同志谈话时，用饱含中华民族智慧的语言，提出了"冷静观察、稳住阵脚、沉着应付、韬光养晦、善于守拙、决不当头、有所作为"的战略方针。当时，国际国内都有人希望中国接替苏联，成为社会主义新的扛旗者。邓小平说："中国永远站在第三世界一边，中国永远不称霸，中国也永远不当头。"

"决不当头"的承诺，为中国赢得了更多更大的国际信任。随着中国改革开放的大门进一步敞开，习惯用"有色眼镜"看中国的西方企业家开始被中国庞大的市场所吸引。这是中国市场的魅力，也是和平发展的魅力。在举国上下一心一意谋发展的脚步中，另一件事关国家主权和国家尊严的大事也一直牵动着国人的心。

第三十八章
最佳方式

位于深圳市盐田区沙头角镇的一条小街，街道长不足 500 米，宽不到 7 米，可是街上却立着 8 块界碑。界碑的这一边是中国内地，另一边是曾经在英国殖民统治下的香港。新中国成立后，界碑的这一边实行社会主义制度，另一边则实行资本主义制度。后来，人们把这里称作"中英街"。20 世纪 80 年代中后期，中英街的另一边开始流传一个谜语，谜面听上去只是很简单的一句话："1997 年之后会是什么？"

新中国成立后，党和国家领导人一直关注着香港。1974 年，毛泽东在会见英国首相爱德华·希思时，就曾提到香港问题。当时他认为解决香港问题的时机还不到，于是便指着自己身旁的一个人说："这个问题让他去解决吧。"这个人，就是后来被人们誉为"中国改革开放总设计师"的邓小平。

最早听到"一国两制"构想的，不是英国人，而是美国人。1979 年元旦，中美正式建交。就在这一天，邓小平在全国政协座谈会上讲话，指出台湾和祖国大陆和平统一的问题已经提到具体日程上来了。几天后，邓小平在会见美国参议院代表团时，又提到了台湾问题。邓小平说，如果台湾与大陆实现统一，它可以保留自己的社会制度 100 年不变。

1979 年 3 月，也就是美国人离开北京两个月后，一个英国人悄悄取道广东来到北京，并且受到了邓小平的会见。

　　来人叫麦理浩，是英国派驻香港的第 25 任总督。这次会谈被安排在人民大会堂举行。按照英国与清政府于 1898 年签订的条约，1997 年，占香港面积 92% 的新界 99 年租约到期，这意味着，英国届时应把香港交还给中国。麦理浩此行的焦点，就在于英国人能否在回归后继续管理香港。

　　他建议把新界租借契约上的有效期去掉，改为"只要新界仍在英国管治之下，契约依然有效"。邓小平很警觉英国的政治意图，他当即明确表示，在土地租约问题上，不管用什么措辞，必须避免提到英国管治的字眼。两国商讨解决方案必须以香港是中国的一部分为前提，尽管大陆实行社会主义制度，但是直到下世纪相当长的一段时间，香港仍然可以保留资本主义制度。

　　1982 年 9 月 22 日，一架英国皇家空军的飞机降落在北京首都机场。舱门打开，一位女性走下舷梯，她就是当时的英国首相——玛格丽特·撒切尔。在经过了 3 年的准备之后，关乎香港前途的谈判终于即将正式开场。

　　此时的撒切尔夫人，正处在格外得意的时候。两个月前，她刚刚打赢了与阿根廷之间的马岛战争，眼下，这位享有"铁娘子"称号的女性，浑身上下都显现出一种胜利者的姿态。她曾在自己的回忆录中这样写道："我们想要的，是在 1997 年后英国人能够继续治理香港。"

　　玛格丽特·撒切尔："这是我对香港的责任，当我们开始谈判的时候，我们一定会好好利用这'三个条约'。因为大家都知道，这三个条约中，至少有一个很明确地规定了香港至少要到 1997 年才租期到期。"

　　但是，"铁娘子"或许并不知道，这一次的对手邓小平，曾经被毛泽东冠以"钢铁公司"的绰号，她面对的这场谈判，将是铁与钢的较量。

9月24日，双方在人民大会堂福建厅举行会谈。邓小平首先声明中国将在1997年对香港恢复行使主权，将支持香港繁荣，希望能够与英国政府合作。撒切尔夫人回应说，只有做出保证香港繁荣稳定的安排后，才能谈到主权问题。没有英国的保障，商人不会愿意投资。邓小平针锋相对地提出，主权问题不是一个可以讨论的问题。

邓小平："主权问题是不能够谈判的，是说中国1997年收回（香港）的问题，不能谈判。"

邓小平还说，如果不收回香港，中国政府就是晚清政府，中国领导人就是李鸿章。他说："人们还议论香港外资撤走的问题，只要我们的政策适当，走了还会回来的。"

这场会谈比原定时间延长了大约50分钟，整整进行了两个半小时。最后，中英双方发表公报，同意把维护香港的稳定与繁荣作为共同目标，并将通过外交渠道开始举行谈判。不过，邓小平又为这次谈判加了个期限——如果双方在两年内无法就恢复行使主权达成满意的协议，中国将单方面宣布自己的政策。

会谈结束后，撒切尔夫人走下台阶时，脚下一滑，险些摔倒。当晚，这一画面在香港电视上反复播出。

后来，撒切尔夫人在回忆这次访华之旅时说："这次访问中国，我参观了颐和园，我听说'颐和'这个词在汉语里是宁静、祥和的意思，显然这个词不能用来形容我的中国之行。"不过，也正是这位撒切尔夫人，后来这样赞扬"一国两制"政策，称其为"天才的创造"。

在接下来的谈判中，中方在一些重大问题上坚持立场，毫不让步。关于是否在香港驻军的问题就是其中之一。英国希望中国人民解放军不进驻香港，而邓小平的态度非常坚定。

邓小平："香港是要驻军的！既然是中国的领土，为什么不能驻军呢？连这点权利都没有，那还叫中国领土吗？"

专家观点☉

"一国两制"是邓小平同志继承、发展了毛泽东、周恩来同志的对台政策，并根据中国的国情和时代特征，提出的解决中国大陆和台湾和平统一问题的一个伟大的构想。这个构想在1981年，叶剑英同志为了解决中国大陆和台湾和平统一问题具体提出了九条方针，有人也把它叫作"叶九条"。到1983年6月25日，邓小平同志又进一步地阐述了中国大陆和台湾和平统一问题，具体构想提出了六条。但是落实"一国两制"的伟大构想，首先的实践是落实在解决香港问题上。

——中共中央党校国际战略研究所教授亓成章

1984年，人们通过中央电视台的春节晚会认识了张明敏，这位香港歌手演唱的歌曲《我的中国心》一时传唱大江南北。就在这一年的6月，邓小平在会见香港工商界访京团时说了这样一句话："凡是中华儿女，不管穿什么服装，不管是什么立场，起码都有中华民族的自豪感。香港人是能治理好香港的，要有这个自信心。"

当年12月19日，在经过了22轮谈判之后，中英双方签署了关于香港问题的《联合声明》。

专家观点☉

实行"一国两制"，对香港人来说，核心问题是爱国和"港人治港"，这也是邓小平在会见香港工商界访京团时特别谈到的。那么他特别强调，必须由以爱国者为主体的港人来治理香港。

——《人民日报》理论部主编吴珺

邓小平："我自己是争取活到 1997 年。"邓小平经常说，他希望自己能够活着看到香港回归。但是，他在 1997 年 2 月 19 日，与世长辞，距离中国对香港恢复行使主权仅仅差了几个月。

还记得当年香港流传的那个谜语——"1997 年之后会是什么？"其实，谜底比谜面还要简单：1997 年之后，是 1998 年。

第三十九章
南方谈话

1992 年 1 月 17 日，北京，入冬以来的第一场雪刚刚融化，88 岁的邓小平登上了开往南方的列车。深圳、珠海、上海等地得到的通知很简单：老人家要来休息。但事实上，这是一次改变中国的旅行，并将作为一个新时代的起点而载入史册。

那几年，每到冬天，邓小平都会离开寒冷的北方到上海"躲冬"，但这一次为什么选择 2000 多公里之遥的广东呢？负责这次警卫任务和行程安排的是中央警卫局副局长孙勇。他曾担任毛泽东同志的警卫员 20 多年。改革开放后，他负责邓小平的警卫。孙勇感到这一次不同寻常。

伴随着 20 世纪 90 年代的到来，柏林墙倒塌，东欧国家纷纷改旗易帜，人们迎来了一个充满变数的时代。一些人提出，东欧剧变是改革造成的。中国的改革会不会变色呢？

1991 年，中共深圳市委办公厅编印的《深圳信息》，刊登了题为《一位民间科技企业负责人的心态》的文章。当时名不见经传的华为公司负责人任正非在接受记者采访时表示，出于对政策不明朗的考虑，公司顾虑颇多，因此不敢扩大生产规模。同样是这一年，四川的刘永好兄弟刚刚把成都希望集团组建起来，一想到社会上对私营企业有很多议论，感到压力很大，于是向新津县委提出，把"我们这个企业送给国家"。

而在计划经济向市场经济转轨的时期，最尴尬的莫过于上海。改革开放前，上海工业产值、出口总值、财政收入等各项主要指标，均居全国第一；改革开放后，这些指标的领衔地位先后被其他省市摘走。到 1990 年，上海的经济增长率一度只有全国平均水平的一半。厂房设备陈旧、产品技术落后、住房紧缺、交通拥挤、环境污染严重等问题，越来越困扰着上海城市的发展。

1990 年，时任上海市委书记的朱镕基向邓小平汇报工作。

朱镕基："我们相信上海人民有这个力量，憋了几十年了。"

邓小平："（浦东）是一个自由机动的战场，就像画图画，怎么样画都可以，完全靠新的，比旧的改造要容易得多，而且要好搞得多。"

就在这次谈话的 3 个月内，开发开放浦东的文件迅速在国务院各部委流转。1990 年 4 月 18 日，党中央、国务院正式向海内外宣布开发开放浦东。5 月 3 日下午，浦东大道 141 号门口，没有放鞭炮，没有敲锣鼓，"上海市人民政府浦东开发办公室"和"浦东开发规划研究设计院"的挂牌仪式，简单又俭朴。

坚持浦东开发开放不动摇，将向全世界做出一个姿态：中国的改革开放没有回头路。1991 年，邓小平在上海发表了一系列有关深化改革的谈话。他希望上海人民"思想更解放一点，胆子更大一点，步子更快一点"。这些谈话的内容，随后通过一个叫"皇甫平"的名字传遍全国。

1991 年 2 月 15 日至 4 月 12 日，《解放日报》接连发表了 4 篇署名"皇甫平"的文章。文章围绕着解放思想以深化改革、扩大开放这个中心，相互呼应。文章明确提出：如果我们仍然囿于"姓社还是姓资"的话题，那就只能坐失良机。文章的发表给人们的思想带来了巨大的震动。

专家观点 ⊙

这场争论，核心在于当时对"什么是社会主义"没有完全搞清楚。一些人离开生产力抽象地谈论社会主义，把许多束缚生产力发展的、并不具有社会主义本质属性的东西当作"社会主义原则"加以固守，而把许多在社会主义条件下有利于社会主义生产力发展的东西当作资本主义加以反对。

——中共中央党校党史部教授陈述

此时，邓小平在北京景山后街那座青砖灰瓦的院落里已经过起了退休生活。但他一直在关注着国家的发展，多次强调只有改革开放、发展经济才是出路。他说，"世界上一些国家发生问题，从根本上说，都是因为经济上不去"，"坚持改革开放是决定中国命运的一招"，改革开放不能丢。

1992年1月19日上午，邓小平抵达深圳。在下榻的宾馆刚刚坐定，他便对陪同人员说："我坐不住啊，想到外边去看看。"

在参观深圳市容的时候，邓小平说："深圳的建设成就，明确回答了那些有这样那样担心的人，特区姓'社'不姓'资'！"他把8年前自己给深圳的题词"深圳的发展和经验证明，我们建立经济特区的政策是正确的"，逐字念了一遍。

深圳等经济特区是在改革开放中诞生的，也是在争论中成长的。特区的各项改革，是顶住各种压力，冒着很大风险进行的。他这些斩钉截铁的话语，为长期困扰特区工作的在重大是非问题上的争论画上了句号。

邓小平说，"中国只要不搞社会主义，不搞改革开放、发展经济，不逐步地改善人民生活，走任何一条路，都是死路。动摇不得。要继续发展，要使人民生活继续提高，他才会相信你，才会拥护你"。

从 1 月 18 日到 2 月 21 日，从武昌、深圳、珠海到上海，在整个行程中，邓小平提出社会主义的本质是"解放生产力，发展生产力，消灭剥削，消除两极分化，最终达到共同富裕"，彻底解放了人们的思想。诸多经典话语，如"革命是解放生产力，改革也是解放生产力""改革开放胆子要大一些，敢于试验"等，皆由此而出。

邓小平的南方谈话犹如一股强劲的东风，驱散了人们思想上的迷雾，掀起了第二次思想解放的高潮，中国的改革开放迎来了又一个春天。

专家观点 ⊙

"南方谈话"是在世界社会主义受到严重挫折的背景下，中国共产党人对坚持和发展中国特色社会主义（理论），做出的一份新的宣言书。它"新"就新在用我们自己的实践回答了，在中国这样一个国家里怎样建设和发展社会主义的问题。这些新的观点包括计划和市场都是手段，不是资本主义和社会主义的本质区别；包括判断改革开放的是非得失要以三个有利于，即有利于发展社会主义社会的生产力，有利于增强社会主义国家的综合国力，有利于提高人民的生活水平，这样的标准来作为判断。有了这些全新的思想观点，中国特色社会主义这条道路就彻底打通了，我们改革开放就踏上了一条科学发展的轨道。

——原中共中央文献研究室第三编研部主任龙平平

1992 年 2 月 28 日，中共中央以 1992 年第 2 号文件的形式，向全党传达邓小平视察南方时的重要谈话内容，并为党的十四大召开做了充分的理论准备。

在南方谈话的激励下，任正非把所有资金投入首度试水的数字交换机项目，并大获成功，从而奠定了华为以技术立身，成为世界级公司的基础。华西村吴仁宝在看到南方谈话的新闻之后，判断"中国新一轮的经济形势马上就要来了"。4年之后，在他的带领下，华西村获得了"天下第一村"的美名。

这一年的10月，党的十四大正式确立了邓小平建设有中国特色的社会主义理论在全党的指导地位，明确了经济体制改革的目标是建立社会主义市场经济体制。大会要求全党抓住机遇，加快发展，集中精力把经济建设搞上去。

这一年，中国国内生产总值的增长达到了前所未有的12.8%。

正如江泽民说："实践的发展和认识的深化，要求我们明确提出，我国经济体制改革的目标是建立社会主义市场经济体制，以利于进一步解放和发展生产力。"

美国人傅高义在他的新书《邓小平时代》中，对邓小平是这样评价的："邓小平在退出政治舞台时，完成了一项过去150年里所有领导人没有完成的使命——他和同事们找到了一条富民强国的道路。"

第四十章

破浪前行

1986 年 8 月 3 日，具有鲜明的计划经济色彩的沈阳市防爆器械厂宣告破产。这是新中国成立后第一家正式宣告破产的国有企业。当时有报道称："这是共和国成立以来破天荒的做法，它朝着打破'大锅饭'迈开了新的一步……"

当年的 12 月 31 日，全国开始试行《企业破产法》，破产引进了市场机制，使企业能够步入市场化的轨道。

随着改革开放的进一步深化，传统计划经济体制僵化、滞后的一面逐渐显现出来，限制了很多企业的发展，与新形势下的经济发展出现了不协调的状况。建立一套新的、更加有利于社会发展的经济体制成为了党的重要任务。

1989 年 6 月 23 日至 24 日，在北京胜利召开了党的十三届四中全会，选举江泽民为中共中央总书记。面对国际形势的新变化，中国作为继续坚持社会主义道路的大国，承受了来自西方反共反华势力政治上、经济上、舆论上的巨大压力。以江泽民为核心的第三代中央领导集体，面对国内外复杂形势，冷静观察，沉着应对，只用了不到 3 年的时间，确定了社会主义经济体制改革目标，迅速稳定了国内局势，随后又打破了西方的所谓"制裁"，为中国社会主义事业继续破浪前行创造了条件。

建立社会主义市场经济体制目标这一提法，尽管是在 1992 年以后才明确出现，但市场导向的改革，在改革开放不久即开始尝试。邓小平等中国领导人也在思考市场经济与社会主义是否兼容的问题。

早在 1979 年 11 月 26 日，邓小平在会见加拿大华裔教授林达光时，话题就已经涉及市场经济。邓小平说："说市场经济只存在于资本主义社会，只有资本主义的市场经济，这肯定是不正确的。社会主义为什么不可以搞市场经济，这个不能说是资本主义。"官方记录的是："邓小平在这次谈话中提出社会主义也可以搞市场经济的思想。"

到 1992 年，改革开放已经走过了 14 个年头。在取得巨大成就的同时，也提出了一个课题：中国的经济体制改革，一直处于"摸着石头过河"的探索阶段，那么它的目标究竟是什么？人们都期盼着党的十四大能够给出答案。围绕中国经济体制改革目标的提法，开展了大量的讨论和酝酿工作。

在 1991 年 10 月至 12 月期间，江泽民先后主持召开了 11 次与经济学家的座谈会，比较充分地讨论和酝酿了我国经济体制选择和改革目标。2012 年 7 月 9 日，江泽民与当年参与此项工作的 6 位同志座谈时指出："这 11 次座谈会，为中央在十四大文件中正式提出社会主义市场经济、明确体制改革的总体目标做了一定思想准备。"

专家观点⊙

把社会主义基本制度与市场经济结合在一起，是马克思主义经典作家没有讲过的，也是社会主义发展史上没有过先例的。但是，中国的社会主义事业要不断前进，就必须有突破前人的勇气和智慧。

——中国社会科学院马克思主义研究院教授程恩富

改革开放总设计师邓小平，在 1992 年初的南方谈话中，提出计划经济不等于社会主义，市场经济不等于资本主义，"计划和市场都是经济手段"的著名论断。

1992年6月9日，在中央党校礼堂，江泽民在省部级干部进修班上发表重要讲话，对十一届三中全会以来对计划和市场问题的认识做了系统回顾，要求深刻领会、全面落实邓小平最近的重要谈话精神，并强调在党的十四大报告中，需要确定一种大多数同志都赞同的有关经济体制的比较科学的提法。

1992年10月，中国经济体制改革的目标得以明确。江泽民同志在十四大报告中提出："实践的发展和认识的深化，要求我们明确提出，我国经济体制改革的目标是建立社会主义市场经济体制，以利于进一步解放和发展生产力。"

这就解决了一个关系改革开放全局性、方向性的重大问题，使我国经济体制改革进入了一个目标取向明确，以综合配套、全面推进为特点的新阶段。

为了顺利推进社会主义市场经济体制建设，1993年，江泽民进一步指出，领导干部"要了解建立和完善社会主义市场经济体制，是一个复杂的社会系统工程，是一个史无前例的伟大创造"。党的十四届三中全会通过的《中共中央关于建立社会主义市场经济体制若干问题的决定》，提出了建立社会主义市场经济体制的50条具体内容。这是对"社会主义市场经济"这一提法加以系统化、具体化，详细解释了计划与市场的关系，构建了今天看来仍然较为全面的社会主义市场经济体制框架。

党的十五大进一步提出，公有制为主体、多种所有制共同发展，是我国社会主义初级阶段的基本经济制度。

专家观点 ☺

毫无疑问，确立社会主义市场经济体制的改革目标和社会主义初级阶段的基本经济制度，是对马克思主义的重大发展，是对科学社会主义理论的重大发展，是中国特色社会主义事业结出的一颗硕果。它对中国先进生产力的推动作用，已经被后来的实践所充分证明。1989年以来，中国发生了翻天覆地的变化。经济增长是中国历史上最快的。

——中国社会科学院马克思主义研究院教授程恩富

"科学技术是第一生产力。"在1995年召开的全国科学技术大会上，江泽民提出，要实施科教兴国战略。2001年2月19日，国家最高科学技术奖在北京举行首届颁奖仪式，数学家吴文俊、"杂交水稻之父"袁隆平获此项殊荣。

20世纪90年代，除了科教兴国战略以外，党中央还提出了可持续发展战略、西部大开发战略、"走出去"战略等一系列具有全局性指导意义的发展战略。同时，加快了国有企业的改革步伐，推动全方位、多层次、宽领域的对外开放新格局，稳定农村联产承包责任制，使我国的国民经济保持了持续快速健康发展的良好势头。

1996年，北京21路公共汽车售票员李素丽，荣获"全国职业道德标兵""全国三八红旗手""全国杰出青年岗位能手""首都精神文明建设奖章"等荣誉称号，成为当年精神文明建设的一个标杆。

正是这一年，中共中央通过了《关于加强社会主义精神文明建设若干重要问题的决议》。

也是这一年，依法治国作为党领导人民治理国家的基本方略，成为社会进步和社会文明的一个重要标志。

还是在这一年，京九铁路全线通车，全线长达2500多公里，穿越众多老区、山区、贫困地区，被称作"扶贫路""致富路"。

社会主义社会是全面发展、全面进步的社会，在建立社会主义市场经济体制的进程中，党和政府以经济建设为中心，全面推进经济、政治、文化等各项建设，实现了经济发展和社会全面进步的齐头并进，中国社会的面貌日新月异。

"神舟"翱翔太空，三峡大坝合龙，青藏铁路开工，西气东输、西电东送工程启动，一个个世纪工程，使我们古老的祖国变得更加年轻、更具活力，屹立于世界的东方。

赢得 2008 年奥运会主办权，上海合作组织的发起成立，使中国赢得了世界的尊重，也让我们真切感受到了作为一名中国人的自豪。

2000 年，站在新千年的门槛上，国内生产总值首次突破 1 万亿美元，人民生活总体上达到了小康，中国现代化建设的第二步战略目标顺利实现。这一伟大成就举世瞩目，必将载入中华民族伟大复兴的光辉史册。

站在新世纪的起航线上，中国特色社会主义事业即将开启一段新的壮丽航程。实现祖国统一，是中华民族的共同愿望。无数的华夏游子渴望归来，香港、澳门是中国的神圣领土，它们将如何回到祖国的怀抱？

第四十一章

百年团聚

1989 年夏，在高楼林立的香港中环区，一座刚竣工、外形像竹子"节节高"的大厦成为新的城市地标。这座大厦是中国银行香港总部所在地，由享誉盛名的美籍华裔建筑师贝聿铭设计，充满着中国元素。它楼高 315 米，加顶上两杆的高度共有 367.4 米，超过了之前的汇丰大厦，成为当时香港的"第一高度"。

许多人相信，如果说汇丰大厦代表着英国在香港的统治地位的话，这座新竣工的中银大厦就是中国在香港主权的一个象征，新旧时代的更替已经悄然开始。

自回归的原则达成协议到政权交接，有一个相当长的过渡时期。这个过渡和更替并不是一帆风顺、自然而然的，而是充满着变化和曲折。落实"一国两制"，保持港澳"平稳过渡"和"顺利交接"，成为党的第三代中央领导集体的重要任务。

江泽民对这些曲折早有预料，他指出："英国原来是个殖民国家，现在要他们从香港退出来，他们愿意吗？不愿意。香港是英国曾经取得的一块肥肉，要他们从口中吐出来，他们愿意吗？不愿意。所以，他们就千方百计对香港一九九七年七月一日回归祖国制造种种障碍。英国的当权者，不管是哪一个政党，在这一点上利益是一致的。"

1989 年 12 月 4 日，英国首相撒切尔夫人派其外交顾问柯利达作为首相特使秘密访华，转交她给江泽民的正式信函。这是中英双方一次重要的接触，为今后几年双方在香港政治体制问题上的交锋拉开了序幕。信中，撒切尔夫人以承诺香港不会被用来作为颠覆中国的基地、解除对中国的经济"制裁"等为交换条件，逼中国政府在香港的所谓"民主化"改革问题上让步。这其实是在争夺香港回归后的政治体制主导权，想要在1997年以后在香港建立一个"没有英国人的英国社会"，继续保持英国的影响力和控制力。江泽民顶住了压力，他对柯利达讲"还是应该以大局为重。……在任何问题上，如果合情合理同我们商量，都好说，但企图压我们是不行的。你越压，我越硬。"

这只是英国在香港的平稳过渡过程中设置的障碍之一。经过双方几轮较量，1992年，中共中央提出"以我为主，两手准备"的方针。1996年1月26日，香港特别行政区筹备委员会成立，按照香港基本法和全国人大及常委会的决定。筹组第一届政府推选委员会。1996年12月11日，推委会以无记名投票方式选举董建华为香港特区第一任行政长官。

专家观点⊙

20世纪80年代初，邓小平同志提出"一国两制"的创造性构想，指引了实现祖国和平统一大业的前进方向。以江泽民同志为核心的第三代中央领导集体，则是按照这一伟大构想指明的方向，与时俱进，妥善处理所谓"民主化"改革、新机场建设等各种复杂问题，确保了港澳平稳过渡。香港、澳门两个特别行政区顺利成立，使"一国两制"从科学构想变成生动现实。

——原中共中央文献研究室编审徐永军

1997年6月30日午夜，香港会议展览中心新翼灯火辉煌，举世瞩目的中英两国政府香港政权交接仪式在这里的五楼大会堂隆重举行。23 时 42 分，交接仪式正式开始。23 时 56 分，中英双方护旗手入场，象征两国政府香港政权交接的降旗、升旗仪式开始。23 时 59 分，英国国旗和香港旗在英国国歌乐曲声中缓缓降落。随着"米字旗"的降下，英国在香港一个半世纪的管制宣告结束。历史的时钟指在 1997 年 7 月 1 日零点那一刻，中国人民解放军军乐队奏起雄壮的中华人民共和国国歌，中国国旗和香港特区区旗一起徐徐升起。大会堂全场肃立，几千双眼睛向鲜艳的五星红旗和紫荆花区旗行注目礼。

江泽民说："一九九七年七月一日这一天，将作为值得人们永远纪念的日子载入史册。经历了百年沧桑的香港回归祖国，标志着香港同胞从此成为祖国这块土地上的真正主人，香港的发展从此进入一个崭新的时代。"

与香港回归中经历的波折不同，澳门的回归相对平静。中葡在澳门问题上的良好合作，促进了两国友好关系的不断发展。

1999 年 12 月 19 日午夜，澳门交接仪式在澳门文化中心花园场馆内举行。在 2500 位中外来宾的见证下，葡萄牙国旗及澳门市政厅旗缓缓降下，中华人民共和国国旗和澳门特别行政区区旗在零时徐徐上升，政权移交顺利完成。这是继 1997 年 7 月 1 日香港回归祖国之后，中华民族在实现祖国统一大业中的又一盛事。至此，在中华民族衰弱时期被割离出去的香港、澳门，回到了祖国大家庭，中华民族实现了百年团聚。

1985 年，邓小平曾经提出：香港回归是不是真正成功、是不是真正具有生命力，有两个基本的衡量标准，一个是回归前能不能实现"平稳过渡"和"顺利交接"，一个是回归后能不能实现"保持长期稳定和繁荣"。回归不是终点，而是起点，"保持长期稳定和繁荣"

的任务更难更艰巨。很快，一场席卷亚洲的金融风暴成了回归的"试金石"。

1997 年初夏，国际金融炒家利用了东南亚国家的深层经济结构问题，对东南亚金融市场进行猛攻。7 月 2 日，香港回归的第二天，泰国财政部和中央银行宣布，泰币实行浮动汇率制，放弃了自 1984 年以来泰币与美元挂钩的一揽子汇率制。这标志着亚洲金融危机正式爆发。1997 年 7 月至 1998 年 1 月仅半年时间，东南亚绝大多数国家和地区的货币贬值幅度高达 30%—50%，股市跌幅达 30%—60%，造成的经济损失达 1000 亿美元以上。不少国家多年的发展成果毁于一旦，大量中产阶级一夜之间成为贫民。

1997 年 10 月，国际炒家首次冲击香港市场。在多次疯狂阻击下，香港股市一年之间总市值蒸发了近 2 万亿港元，香港经济笼罩在一片愁云之下，很多人感觉走在一条黑暗的隧道里，看不到希望的曙光。生死攸关之时，中央政府坚持人民币不贬值，庄严承诺"不惜一切代价维护香港的繁荣稳定"，不仅让香港市民吃下"定心丸"，也让特区政府有了坚强后盾。1998 年 8 月 28 日，经过一番惊心动魄的较量，国际金融炒家铩羽而归，香港取得了这场金融大战的最终胜利，保住了香港几十年的发展成果。

此后，香港又接连遭逢 2000 年网络泡沫破灭危机、2003 年非典疫情暴发、2008 年全球金融危机等，中央政府始终是坚强后盾。而开放内地居民赴港澳"个人游"，推出《内地与香港（澳门）关于建立更紧密经贸关系的安排》(CEPA)，更是有力地促进了港澳与内地的交流合作和港澳的繁荣发展。

回归以来，香港保持了原有的资本主义制度和生活方式不变，法律基本不变，依然是"马照跑，舞照跳，股照炒"。

　　香港、澳门回归时，21世纪的曙光已经展露在地平线上，人类文明的发展即将进入一个新世纪，开启一个新千年。面对世纪之交、千年之交，党的第三代领导集体在思考什么呢？

第四十二章
跨越世纪

老百姓预言从彩电空调到电信网络价格会大幅跳水；劳动密集型产品的生产厂家们摩拳擦掌，恨不得把物美价廉的中国货，卖到世贸成员国家和地区的每一个角落；而银行家和电信服务商们则忧心忡忡，害怕国外资本家捡了民族工业的发展机遇；更有人做出预言，中国几亿农民兄弟有多少会"下岗"。还有人定论，受益最多的将会是中国有相对优势的加工类劳动密集型产业，受损害最多的将会是农业和民族制造业，而消费者将获得好处。

这些不同的观点，发生在21世纪之初，是全国不同群体对加入世界贸易组织后，我国各行各业、相关产业可能发生变化的预言。加入世界贸易组织有利有弊，但总的来看，是利大于弊，这是经过实践证明的。那么，我国是何时加入世界贸易组织的？其中的过程如何？在21世纪，我国的经济社会又会如何发展呢？

2001年11月10日，在多哈喜来登酒店萨尔瓦会议大厅，世贸组织第四次部长级会议主席、卡塔尔财政、经济和贸易大臣卡迈勒手中击槌轻落，在没有任何反对意见的情况下，审议并通过了中国加入世贸组织的决定。这标志着中国加入世贸组织进程的结束，宣告了一个历史性时刻的诞生。

1986年7月10日，中国常驻日内瓦代表团大使钱嘉东，正式提出恢复我国在关贸总协定缔约国地位的申请。自此开始，中国的复关入世之路在 15 年中经历了艰难坎坷。

江泽民就中国加入世贸组织的时机问题，进行了深入思考。他曾说过："要把握好时机，什么时候加入最适宜，也要好好考虑。"他指出 1999 年 4 月朱镕基访美未能达成协议的原因，"是因为火候没有到，美国还想继续压我们"。那么，何时才是最好的时机呢？江泽民认为 1999 年底将会是一个重要的关节点。

经过双方多次谈判磋商，1999 年 11 月 15 日，时任中国外经贸部部长石广生，时任美国贸易代表巴尔舍夫斯基，分别代表中美两国政府，在北京签署了关于中国加入世界贸易组织的双边协议。这标志着中美就中国"入世"的双边谈判正式结束，它是中国迈向世贸组织至关重要的一步。

《人民日报》在 2001 年 11 月 11 日发表了一篇社论，指出："我国对外开放事业进入一个新的阶段。这是我国现代化建设中具有历史意义的一件大事，必将对新世纪我国经济发展和社会进步产生重要而深远的影响。"

2001 年 11 月 27 日，中央经济工作会议在北京开幕。江泽民宣布："我国已履行完加入世界贸易组织的所有法律程序，将正式成为世贸组织成员。这是我国改革开放进程中具有历史意义的一件大事，也是进一步推进全方位、多层次、宽领域对外开放的重要契机，对经济发展具有深远影响。"

2001 年 12 月 11 日，《中国加入世贸组织议定书》正式生效，中国成为世界贸易组织第 143 个成员。这对中国来说是里程碑式的一天。根据加入世界贸易组织的承诺，中国扩大了在工业、农业、服务业等领域的对外开放，加快推进贸易自由化和贸易投资便利化。

专家观点 ⊙

加入世界贸易组织，是我国 20 多年来推进经济体制改革、扩大对外开放的结果，它标志着我国的对外经济关系进入了一个新阶段，标志着我国全方位、多层次、宽领域的对外开放进入了一个新的阶段，也标志着我国经济体制改革进入一个新的阶段。加入世贸组织十多年来，我们的贸易出口有了大幅度的增加，我们引进外资的数量和质量有了显著提升，我国的企业经受住了国际经济规则的严峻考验，同时我们的社会主义市场经济体制也得到了进一步的完善。

——原中共中央文献研究室第四编研部副主任王均伟

中国加入世贸组织的漫漫征程，交锋在谈判桌上，而真正的较量是在经济上。邓小平提出的"三步走"战略，前两步已经于 1995 年提前实现，意味着我们从总体上进入了邓小平所说的"小康社会"。那么，"第三步"该怎么走？

这一问题显然要由以江泽民同志为核心的党的第三代中央领导集体作出回答。江泽民明确提出"全面建设小康社会"是在 2000 年 6 月，但开始酝酿这一思想则可以追溯到 1996 年左右。

1996 年 10 月 10 日，在中共十四届六中全会上，江泽民提出："社会主义社会是全面发展、全面进步的社会。"之后他又强调："社会主义社会作为人类历史上崭新的社会形态，是以经济建设为重点的全面发展、全面进步的社会。经济、政治、文化协调发展，两个文明都搞好，才是有中国特色社会主义。"

"全面小康"的概念事实上已经初具雏形，江泽民表达的意思已经很清楚。"全面建设小康社会"，应该是一个经济、政治、文化等全面发展的目标。

1997 年 5 月，美国有线新闻电视网的记者陈梦兰在采访江泽民时问道："您早晨醒来后，心里想到的最重要的事是什么？"

江泽民回答："每个人都有不同的习惯。我通常很晚才睡，在我的心目中，就内政而言，最大的问题就是如何确保 12 亿中国人民的温饱。怎样才能改善他们的生活呢？我总是想，怎样才能使一部分地区、一部分人先富起来，然后再实现共同致富的目标。一直以来，这都是我们最重要的任务。"

1997 年，中共十五大胜利召开，这次大会提出了中国现代化建设新的"三步走"发展战略，即 21 世纪第一个十年实现国民生产总值比 2000 年翻一番，使人民的小康生活更加宽裕，形成比较完善的社会主义市场经济体制；再经过十年的努力，到建党 100 周年时，使国民经济更加发展，各项制度更加完善；到下世纪中叶建国 100 周年时，基本实现现代化，建成富强民主文明的社会主义国家。

明确提出"翻一番"指标，提出新"三步走"战略安排，事实上构建起了"全面建设小康社会"的具体内容。但是经济指标上已经达到原定小康标准的部分地方，已经按捺不住快速发展的念头，十五大刚一闭幕，各地的报纸已经纷纷出现了"建设宽裕型小康市（县）"的报道。

2000 年 6 月 9 日，在中央党校参加全国党校工作会议时，江泽民提出"我们要在胜利完成第二步战略目标的基础上，开始实施第三步战略目标，全面建设小康社会并继续向现代化目标迈进"。

这是迄今为止，在公开出版的党的文献中，明确提出"全面建设小康社会"这一表述。

2000 年 10 月 9 日，中共十五届五中全会在京召开，183 名中央委员和 144 名中央候补委员聚集在一起，讨论新世纪中国发展之路。会议最终做出的结论是："从新世纪开始，我国将进入全面建设小康社会，加快推进社会主义现代化的新的发展阶段。"

时隔两年，党中央决定将全面建设小康社会的目标具体化。2002年1月14日，江泽民在中共十六大报告起草组会议上说："以本世纪头20年为期，明确提出全面建设小康社会目标。我认真考虑了大家的意见，认为基本是可行的。"

在十六大上，江泽民宣布："经过全党和全国各族人民的共同努力，我们胜利实现了现代化建设'三步走'战略的第一步、第二步目标，人民生活总体上达到小康水平。这是社会主义制度的伟大胜利，是中华民族发展史上一个新的里程碑。"但他同时指出："现在达到的小康还是低水平的、不全面的、发展很不平衡的小康。"

当年中国国民生产总值已经超过了10万亿元，人均国民收入首次突破1000美元。事实上，像深圳、苏州这样的城市，这一年的人均国民收入已经超过4000美元。

专家观点

江泽民同志提出的全面建设小康社会的奋斗目标，向全党和全国人民展现了加快推进社会主义现代化的光明前景，这个目标是中国特色社会主义经济、政治、文化全面发展的目标，它符合全国人民的愿望，符合我国国情和现代化建设的实际，全面建设小康社会的思想，继承和发展了我国传统小康社会思想，创新和完善了社会主义小康社会理论。

——原中共中央文献研究室第四编研部副主任王均伟

党的十六大报告发出了"全面建设小康社会"的动员令。全面建设小康社会的目标和任务，是在总结改革开放以来我国现代化建设的实践经验基础上提出的，开创了中国特色社会主义事业新局面，中华民族的伟大复兴又开始了新的征程。

第四十三章
与时俱进

1998 年 5 月，60 多个国家和地区的 1500 多名学者，聚集法国巴黎，参加纪念《共产党宣言》发表 150 周年国际大会。全世界的马克思主义者，在以不同方式纪念这部划时代的伟大著作的同时，也在思考一个严肃的问题：在即将到来的 21 世纪，马克思主义应该如何保持自己的生命力？

同年 7 月，江泽民在会见日本共产党代表团时指出："马克思主义是科学，要随着时代、实践和科学的发展而发展，不能停滞……真正的马克思主义者应该在马克思主义基本原理指导下，结合当今世界发展的新情况新特点，在为实现社会主义理想的奋斗中不断创新和发展。"

历史经验证明，坚持与发展马克思主义是辩证统一的，不坚持马克思主义，就谈不上丰富发展马克思主义；不丰富发展马克思主义，就谈不上坚持马克思主义。进入 21 世纪，时代变化了，社会发展了，怎样才能使马克思主义与时俱进、不断发展，使中国共产党和中国人民能够继续站在时代前列，是亟待回答的现实课题。

深圳市龙岗区南岭村这个 20 世纪 80 年代初人均年收入不足百元的深圳最贫穷的村庄，到 2000 年发展为人均年纯收入 95000 元，村民公费医疗，孩子公费入学，家家住别墅，发生了巨变。

2000 年 2 月 22 日，新千年的第一个春天，中共中央总书记江泽民来到了南岭村和村党支部进行座谈。

江泽民："你这个村子里面农业跟工业加起来工农业总产值是多少？总收入是多少？"

张育彪："总收入 1.4 个亿，纯收入是 7200 万元。"

2 月 25 日，江泽民在广东考察"讲学习、讲政治、讲正气"教育活动和党建工作时，在听取中共广东省委工作汇报之后，第一次提出了"三个代表"重要思想："我们党在革命、建设、改革的各个历史时期，总是代表着中国先进生产力的发展要求，代表着中国先进文化的前进方向，代表着中国最广大人民的根本利益……"

在此之后，党中央决定把加强党的建设作为各级领导调研的重点题目。江泽民带头身体力行，2000 年 5 月，他在考察了江苏、浙江和上海的工作之后，对"三个代表"重要思想的内涵做了深刻阐述，特别强调了始终做到"三个代表"是中国共产党的"立党之本、执政之基、力量之源"。

2000 年到 2001 年两年中，江泽民到十几个省市考察，主持召开近 30 个党建工作座谈会，听取各方面的意见和建议。他不断总结新的实践经验，集中全党包括理论工作者的智慧，在各地考察以及各种会议上多次发表重要讲话，对"三个代表"重要思想做了进一步地深入阐发。

早在 1989 年 6 月 16 日，邓小平在同江泽民等中央负责同志谈话时就强调，"常委会的同志要聚精会神地抓党的建设"。江泽民根据邓小平的谈话精神，在十三届四中全会以来的十三年中，为加强和改进党的建设做了不懈的探索和努力。

自建党以来，中国共产党第一代中央领导集体、第二代中央领导集体都发展了马克思主义理论。但是，在新科技革命带来巨变、社会主义和资本主义将长期共处的条件下，共产党将如何长期执政和加强自身建设，这是马克思主义理论留下的历史性课题，也是江泽民提出"三个代表"重要思想的逻辑起点。

专家观点 ⊙

"三个代表"重要思想，是江泽民长期以来对"什么是社会主义、怎样建设社会主义"和"建设一个什么样的党、怎样建设党"进行深入思考后给出的回答。正如江泽民在 2002 年 9 月对十六大报告稿的几点意见中提出："'三个代表'的重要思想，不是凭空产生的，而是我们十三年来在理论和实践上不断探索和开拓的结果。"

——原中共中央党史研究室副主任李忠杰

任何科学理论都是对伟大实践的创造性概括，都必然打上深深的时代烙印。十六大报告指出："三个代表"重要思想，"反映了当代世界和中国的发展变化对党和国家工作的新要求""是在科学判断党的历史方位的基础上提出来的"。

经过 20 多年的开放，我国已初步建立了社会主义市场经济体制，改革进入了攻坚阶段。人民生活总体上达到小康水平，但是这一"小康"还是低水平的、不全面的、发展很不均衡的。我国虽然已实现了国家政治生活和社会总体上的稳定，但是长期积累的矛盾也逐渐凸显出来。

从新世纪开始，我国进入了全面建设小康社会的发展阶段，不仅党肩负的使命发生了历史性变化，也让党面临两大历史性课题：这就是提高党的执政能力和领导水平，增强拒腐防变和抵御风险能力。

2001 年 7 月 1 日，在庆祝中国共产党成立 80 周年大会上，江泽民对"三个代表"重要思想的科学内涵和基本内容进行了全面和系统的阐述。

江泽民说，代表中国先进生产力的发展要求，代表中国文化的前进方向，代表中国最广大人民的根本利益，是统一的整体，相互联系，相互促进。发展先进的生产力，是发展先进文化，实现最广大人民根本利益的基础条件。人民群众是先进生产力和先进文化的创造主体，也是实现自身利益的根本力量。不断发展先进生产力和先进文化，归根到底都是为了满足人民群众日益增长的物质文化生活需要，不断实现最广大人民的根本利益。

"三个代表"重要思想创造性地运用马克思列宁主义、毛泽东思想特别是邓小平理论，紧密结合新的实践，从经济、政治、文化、社会、国防和军队建设、外交等方面对"什么是社会主义、怎样建设社会主义"这个根本问题进行了全方位的探索和创新，进一步深化了对建设中国特色社会主义规律的认识，全面推进了中国特色社会主义的完善和发展。

专家观点 ⊙

"三个代表"重要思想用一系列紧密联系、相互贯通的新思想、新观点、新论断，进一步回答了什么是社会主义、怎样建设社会主义的问题，创造性地回答了建设什么样的党、怎样建设党的问题。贯彻"三个代表"重要思想，关键在坚持与时俱进，核心在保持党的先进性，本质在坚持执政为民，实现人的全面发展。

——原中共中央党史研究室副主任李忠杰

1990年，27岁的蒋锡培，自筹资金180万，创办了范道电工塑料厂。经过10多年的时间，他已把企业发展成为中国最大的电线电缆供应商——江苏远东集团。他被选举为党的十六大代表。

随着以公有制为主体、多种所有制经济共同发展的基本经济制度逐步建立和完善，像蒋锡培这样的民营企业家不断涌现，壮大了我国的民营经济。

民营科技企业的创业人员和技术人员、受聘于外资企业的管理技术人员、个体户、私营企业主、中介组织的从业人员、自由职业者等新的社会阶层迅速出现。如何给这些新出现的、比较活跃的群体界定社会身份和地位？江泽民给他们做出了非常恰当的定位："中国特色社会主义事业的建设者"。

2002年11月，党的十六大胜利召开，"三个代表"重要思想写入修改后的《中国共产党章程》，成为党的指导思想。两年后召开的十届全国人大二次会议，又将"三个代表"重要思想写入了修改后的宪法。

党的十六大还提出了新的奋斗目标，那就是要在21世纪的头二十年，集中力量，全面建设惠及十几亿人口的更高水平的小康社会，使经济更加发展、民主更加健全、科教更加进步、文化更加繁荣、社会更加和谐、人民生活更加殷实。

"三个代表"重要思想，为正确认识和处理全面建设小康社会中的重大问题，提供了科学理论的指导。全面建设小康社会的新目标，如同一幅多彩的画卷，描绘出未来中国的美好前景，鼓舞着全党和全国人民昂首迈向新的征程。

第四十四章

发展新篇

2002 年 12 月 5 日，一场小雪纷纷扬扬，飘落在河北省平山县的原野上。新当选的中共中央总书记胡锦涛，率中央书记处成员来到位于平山县的西柏坡。

53 年前，毛泽东和中共中央机关从这里出发前往北平，毛泽东说，我们此去是"赶考"。53 年后，胡锦涛一踏上这片土地就说，这一次来西柏坡我们是来"上学"的。从"赶考"到"上学"，执政 50 多年，领导改革开放 20 多年的中国共产党人始终牢记宗旨，与时代同行。

2002 年冬天的西柏坡之行仿佛历史的链条，把昨天和今天贯通一体，昭示着中国共产党人为发展中国，始终如一的情怀和承诺。

以 2002 年 11 月党的十六大为标志，我国进入了全面建设小康社会、加快推进社会主义现代化建设的新的发展阶段。在新世纪、新阶段，面对着一系列新情况、新问题、新挑战，以胡锦涛为总书记的新一届中央领导集体又将怎样创新理念，开辟发展新路呢？

2003 年春天，突如其来的非典疫情从广东开始，迅速蔓延到广西、山西、北京等地，并在毫无预兆的情形下肆虐成灾。改革开放的中国经历过各种考验，但这种性质的考验却是第一次。对于新一届中央领导集体和广大干部群众来说，这是一场非同寻常的"考试"。在同非典斗争的紧急关头，4月14日，胡锦涛总书记改变考察计划，来到了疫情严重的广东。

广东一行，胡锦涛考察了湛江、深圳、东莞、广州等20多个点。一路考察，一路思考。防治非典中暴露出来的问题，使新一届中央领导集体更为清醒地看到了我国发展中存在的"短板"。经济和社会、城乡和地区之间的发展不平衡，在公共卫生事业上凸显出来。4月15日上午，胡锦涛在听取广东省委、省政府的工作汇报后，提出了一个新的概念，那就是"要坚持全面的发展观"。

2003年8月，胡锦涛在江西考察期间，将一个月前在"全国防治非典工作会议"上提出的"全面发展、协调发展、可持续发展"新的发展观第一次概括为"科学发展观"。在当年10月召开的十六届三中全会上，这一表述中又增加了"以人为本"的提法，形成了"坚持以人为本，树立全面、协调、可持续的发展观"的完整表述。这一新的发展理念，在全面建设小康社会伟大实践的沃土上产生了。

马克思说，问题是时代的声音。当年毛泽东正是在思考借鉴苏联发展经验和教训的时候，提出了中国的社会主义建设要统筹兼顾、综合平衡。从那时起，我们党对于发展问题的认识，是随着实践的不断深入，以及伴随着发展中出现的问题而不断深化的。

1988年6月9日，国务院批准建立了一个与众不同的实验区，它不是位于沿海，而是在贵州省的乌蒙山区。这个叫毕节的地方，不仅谈不上发达，连温饱都难以解决。因为贫困，所以开荒；因为开荒，更加贫困。

时任贵州省委书记的胡锦涛倡导在这里建立一个实验区，把开发扶贫、生态建设、人口控制结合起来。结合崭新的理念，毕节人在20多年的时间里大胆改革创新，综合经济实力从全省排名末位到稳居第三，自然环境大幅改善。人们把毕节的实验看作是西部贫困地区深化改革开放、推动科学发展的一个创新性实践探索。

专家观点⊙

对于我国在发展进程中，逐步暴露出来的不平衡、不协调、不可持续等问题的认识，我们党有一个逐步深化的过程。1998年，我们党提出可持续发展战略，就是要促进人与自然和谐发展；1999年，我们党提出西部大开发战略，就是要促进区域协调发展；随着2001年年底，我国加入世界贸易组织之后，我们对于国内经济发展与对外开放之间不平衡的认识更加深刻；2003年，通过抗击非典的斗争，我们又对于我国经济社会之间、城乡之间发展不平衡的认识更加深刻。

科学发展观正是在对我国发展规律逐步深化认识的基础上，特别是对新世纪、新阶段，我国发展中呈现出一系列新的阶段性特征的认识基础上提出来的。

——原中共中央文献研究室第五编研部研究员张贺福

在经历了20多年的改革开放和快速发展之后，中国政府开始对片面追求"GDP"说"不"，对一味追求经济高速度说"不"。伴随着绿色"GDP"、可持续发展等词汇频繁见诸媒体，人们发现这些转变已经开始实实在在地影响着我们的生活。

在世界屋脊之上，一道横空出世的绿色长廊令人叹为观止。2006年7月1日开通的青藏铁路是载入世界生态建设史的一条生态环保型铁路。为保护可可西里藏羚羊迁徙，在铁路沿线，建设者们专门设立了33处野生动物通道。青藏铁路在让人感受到中国快速发展的同时，也让人感受到中国发展理念的巨大转变。

农业丰则基础强，农民富则国家盛。在中国，农业、农村、农民问题一直是经济发展和社会进步的关键所在。2005 年召开的党的十六届五中全会提出了建设社会主义新农村的重大战略任务。从强调统筹城乡经济社会发展到制定工业反哺农业，城市支持农村和多予、少取、放活的方针，中央关于"三农"问题的思考和认识不断深化。

在中国农业博物馆的展厅里有一尊青铜鼎，这是河北一位农民自筹资金、亲手铸造的。这尊鼎，铭刻着一个重大事件：自 2006 年元旦起，我国全面废止农业税条例。延续了 2600 多年的农业税从此宣告结束，9 亿农民永远告别种田缴纳"皇粮国税"的历史。

铸造这尊鼎的王三妮是一位普通的农民，全家 7 口人，14 亩地。2006 年以前，每年需要缴农业税 560 元。得知取消农业税的消息后，王三妮激动万分，在自家的小作坊里亲手铸了一个半吨重的"告别田赋鼎"。

一般来说，在工业化初始阶段，农村支持工业、为工业提供积累；但在工业化达到相当程度以后，工业需要反哺农业、城市需要支持农业，实现工业与农业、城市与农村协调发展。我国此时总体上已到了以工促农、以城带乡的发展阶段。据统计，与农村税费改革前的 1999 年相比，中国农民人均减负 120 元左右，每年减负总额超过 1000 亿元。各种惠农政策极大地提高了农民的种粮积极性。粮食连年丰收。与此同时，结构调整和节能减排取得新进展，经济运行质量继续提高，民生状况得到改善，中国经济平稳较快发展的基本态势没有改变。

2007 年 10 月 15 日，中国共产党第十七次全国代表大会在京召开。这次会议将科学发展观写入党章，完整阐述了科学发展观的内涵。"科学发展观，第一要义是发展，核心是以人为本，基本要求是全面协调可持续，根本方法是统筹兼顾。"

胡锦涛说："科学发展观，是对党的三代中央领导集体关于发展的重要思想的继承和发展，是马克思主义关于发展的世界观和方法论的集中体现，是同马克思列宁主义、毛泽东思想、邓小平理论和'三个代表'重要思想既一脉相承又与时俱进的科学理论，是我国经济社会发展的重要指导方针，是发展中国特色社会主义必须坚持和贯彻的重大战略思想。"

专家观点⊙

科学发展观科学回答了新形势下，我国实现什么样的发展、怎样发展的重大问题。发展是第一要义，就是要始终坚持把发展作为我们党执政兴国的第一要务，努力实现科学发展、和谐发展、和平发展；以人为本是核心，就是要努力做到发展为了人民，发展依靠人民，发展成果由人民共享；全面协调可持续是基本要求，就是要推动现代化建设的各个环节、各个方面相协调，实现经济社会永续发展；根本方法是统筹兼顾，就是要正确认识和妥善处理中国特色社会主义事业的重大关系，充分调动各方面发展的积极性。

——原中共中央文献研究室第五编研部研究员张贺福

在科学发展观的指导下，从党的十六大到十七大，我国的国内生产总值突破21万亿元，成为世界第四大经济体。2006年，我国人均国民总收入超过2000美元，从低收入国家步入了中等收入国家行列。城乡居民享有的公共服务明显增强，改革发展的成果更多地惠及广大人民群众。在这个过程中，中国共产党人又是怎样推进经济社会协调发展的呢？

第四十五章
和谐旋律

清新简单、朗朗上口的曲调，和睦亲切的氛围，还有这浓浓的亲情，使名为《吉祥三宝》的蒙古族民歌，登上了 2006 年央视春晚的舞台，并成为了当年春晚上的亮点。

歌者用淳朴的嗓音唱出了父母对儿女的疼爱、对家庭的眷恋，唱出了人与自然的和谐，和那份人们对幸福生活的向往，传递出了"爱与和谐"这个当下人们深切关注的话题。

也就是在这一年，中国进入了人均 GDP 从 1000 美元向 3000 美元跨越的关键阶段。而从国际经验看，这个阶段既是发展黄金期，又是社会矛盾的凸显期。

针对这一特殊发展阶段，这年 10 月，党的十六届六中全会做出了《关于构建社会主义和谐社会若干重大问题的决定》，明确指出，社会和谐是中国特色社会主义的本质属性。"和谐"被写入了我国社会主义现代化建设的总体目标中。

以人为本，构建一个人与人、人与社会、人与自然和谐发展的社会，成为中国新时期建设的主题。那么，中国将用怎样的实际行动来实现"和谐"这一中国古老的社会理想呢？它又给我们带来了哪些实实在在的变化呢？

伴随着当下中国改革的发展，中国共产党人对社会主义和谐社会的认识和实践在不断深化。2002 年 11 月，党的十六大在阐述全面建设小康社会的奋斗目标时，明确提出"社会更加和谐"的发展要求。

2003 年 10 月，党的十六届三中全会提出科学发展观，强调以人为本、全面协调可持续发展，要求实现五个"统筹"。而贯穿其中的重要思想，就是要努力实现整个社会各方面的和谐。在此基础上，党的十六届四中全会进一步提出"构建社会主义和谐社会"这一全新理念，将正式列为中国共产党全面提高执政能力的五大能力之一。

2005 年 2 月 19 日，为了集中研讨提高构建社会主义和谐社会能力的问题，中央举行了省部级主要领导干部专题研讨班。在研讨班上，胡锦涛全面阐述了构建社会主义和谐社会的基本内涵，他指出："我们所要建设的社会主义和谐社会，应该是民主法治、公平正义、诚信友爱、充满活力、安定有序、人与自然和谐相处的社会。"

专家观点 ⊙

构建社会主义和谐社会就是要以人为本，在经济发展的基础上，把关注民生、重视民生、保障民生、改善民生，作为推动科学发展、促进社会和谐的核心内容，这是我国改革发展进入关键时期的客观要求，是广大人民群众的根本利益和共同愿望。

——原中共中央文献研究室编审陈理

在这一方针的指导下，党和政府紧紧围绕解决人民群众最关心、最直接、最现实的利益问题，大力推进以改善民生为重点的社会建设，在教育、就业、收入分配、社会保障、医疗卫生、完善城乡居民最低生活保障制度和社会管理等方面推出了一系列重大举措，保障公平正义的制度建设在实践中不断完善。

1968 年 12 月 5 日的《人民日报》，在一版登出了《深受贫下中农欢迎的合作医疗制度》，报道推介了湖北长阳县乐园公社的经验。由此，全国掀起了兴办农村合作医疗的高潮。然而，从20世纪80年代开始，由于农村体制的改变等原因，农村合作医疗大面积解体，农村成为我国医疗卫生最薄弱的环节。"得了阑尾炎，白种一年田；救护车一响，一头猪白养。"这句民谣真实地反映了农民看不起病的状况。

然而，随着我国综合国力的不断提高，从2003年开始，新型农村合作医疗制度试点在全国陆续展开。这年的11月20日，为了切实推进新农合建设，胡锦涛专门做出批示，新农合"是一件为民、便民、利民的大好事。望加强领导，完善试点，因地制宜，循序渐进，改善服务，造福农民"。

2006年10月，安徽省合肥市田埠村的农民领到了医疗证，河南省尉氏县南曹乡的农民开始接受常规化的免费体检，而江西南丰县莱溪乡的胡秀兰则领到了1万多元的医疗补助费。

这项"以人为本"的好政策，最大的特点就是政府承担主要筹资责任，而得到实惠的是广大农民。2003年，新农合人均筹资标准为30元，其中，各级政府补助标准为20元。到2012年，人均筹资标准已经达到290元，各级政府的补助标准提高到240元，全国参加新农合的人口达到8.12亿。从保障效果看，新农合政策范围内住院医药费用补偿比例达到70%，农民住院实际报销比例超过50%。农民真正告别了"小病拖、大病扛"的历史。

本着"以人为本"的原则，经过多年的努力，目前我国已经初步形成了以城镇职工基本医保、城镇居民基本医保、新型农村合作医疗为主体的全民基本医保制度体系。全国参加三项基本医保的人数超过13亿，全民基本医保惠及95%以上的人口。

2006年的春季，因为家里贫困而不得已离开课堂三年多的白云瑞又重新回到了校园。在此之前，这所位于宁夏回族自治区固原市原州区中和乡的小学，每年都有几十个孩子，因为家里贫困而无法走进校园。

此前，由于经济基础的薄弱，导致了农村义务教育经费短缺，整体发展受到了极大的阻碍。随着经济实力的增强，2005 年 12 月 24 日，国务院下发了《关于深化农村义务教育经费保障机制改革的通知》，在资金的总体安排上"中央拿大头"。在免除学杂费和提高公用经费保障水平资金上，中央与地方的分担比例是，西部地区为 8 ∶ 2，中部地区为 6:4，东部地区除直辖市外，按照财力状况分省确定。多年来普及农村义务教育的经费瓶颈被打破了。

2006 年，当西部地区 5000 多万名中小学生踏进校园时，他们发现义务教育阶段的学杂费被免了，和白云瑞一样家庭经济困难的学生免费得到了书本，寄宿制学校的学生还有了生活补贴。这项新的政策被人称作"两免一补"。

一项好政策就是一片阳光。对于西部农村孩子来说，"两免一补"的阳光带来的是公平，是温暖，是幸福，更是改变命运的希望。到 2007 年春天，"两免一补"的惠民政策，从西部推广到中东部地区。这项政策实现了对全国 40 多万所农村中小学的近 1.5 亿名学生的全覆盖。公共教育资源开始向农村地区、边远贫困地区和民族地区倾斜，逐步实现了基本公共教育服务的均等化。而像这样"以人为本"，推进社会主义新农村建设，促进城乡协调发展，促进东中西部协调发展的政策，还有很多。悄然之间，人们的生活发生了改变。

2013 年 5 月，《人民日报》社会版连续报道了一系列大学毕业生的"人物志"，他们中有自愿到西藏阿里实现自己军旅之梦的，有到农村公路管理处天天巡查道路的，还有到网络新职业中"淘金"成为骨干人才的……行业各殊、境遇不同，但有一个共同点：都捧上了心仪的饭碗。

面对以高校毕业生为重点的新成长劳动力就业高峰期的到来，政府及时调整工作重点，坚持把高校毕业生就业摆在重要位置，出台了一系列扶持政策和措施，营造了有利于高校毕业生就业创业的制度环境。

2003年至2011年，4000多万高校毕业生实现稳定就业。这9年间，通过实施积极的就业政策，妥善解决了国有企业下岗职工再就业问题；稳步推进数以亿计农村富余劳动力有序转移。全国城镇新增就业人数累计达9800万，城镇登记失业率始终保持在4.3%以下的较低水平。在世界上人口最多的发展中国家，实现就业规模持续扩大和就业形势持续稳定，是中国就业史上的辉煌篇章，充分体现了社会主义制度的巨大优越性。

从2007年开始，在一年一度央视"您最关注什么"的调查中，收入差距过大问题一直都是位居榜首。事实表明，解决好收入分配问题，才能切实维护公平正义、促进社会和谐。

尽管目前收入差距的问题还未从根本上得以扭转，但是，一连串的好消息还是足以让人们感到振奋：到2012年，农村居民收入增速创1985年以来新高，连续两年快于城镇居民；中西部地区城乡居民收入增幅高于东部地区；18个省份居民收入增速超过GDP增速。

这背后，是近年来党和政府为缩小收入分配差距做出的巨大努力。如将个税起征点提高到3500元，自2005年以来连续8年提高企业退休人员基本养老金，大幅提高国家扶贫标准和城乡低保补助标准等等。

专家观点 ⊙

党中央站在维护最广大人民根本利益和实现国家长治久安的战略高度，大力推进和谐社会建设，按照"以人为本"原则制定的各方面政策，给人民带来了实实在在的好处。而我们也应该看到，这些惠民政策都是随着我国经济的不断发展才得以实现的。解决和谐社会建设中的深层次问题，维护与实现社会公平和正义，关键还是靠发展，这就决定了和谐社会建设的长期性和艰巨性。

——原中共中央文献研究室编审陈理

实现共同富裕是我们党始终不渝的奋斗目标。在建党 90 周年纪念大会上，胡锦涛再次强调，要"加大收入分配调节力度，坚定不移走共同富裕道路"。实现科学发展，促进社会和谐，还需要有良好的思想文化条件。如何在中国特色社会主义的现代化建设中，进一步凸显文化的力量？

第四十六章
文化强国

2010 年上海世博会中国馆展示的"动态"版《清明上河图》让北宋画家张择端的传世之作，在高科技的支持下，被重现于一幅长 128 米、高 6.5 米、面积达 832 平方米的电子屏幕上，原作中静止和凝固的人物、动物、舟车、流水全都有了生命，千年前的历史场景重现在人们眼前。

传统与现代、人文与科技，在这里交汇。这个特殊的场景，可以看成是这样一个生动的隐喻：在以整个中国为舞台的巨大画面上，有五千年历史的中华文化，在与时代巧妙结合后，正在复兴之路上扬帆起航。以什么样的视角认识文化，以什么样的态度对待文化，以什么样的思路推动文化繁荣发展，是时代提出的重大课题。

先秦诸子、汉唐气象、宋明风韵……在五千年的历史长河中，我们收获了灿烂辉煌的悠久文明。然而，步入近代，在中华民族沦落、奋争与崛起的历程中，中华文化同样经历着艰难的蜕变与新生。从新文化运动的全面兴起、马克思主义的广泛传播，到社会主义文化的百花齐放、文化领域的现代转型，"实现中华文化振兴"的梦想日益清晰，道路日益宽广。

进入 21 世纪，尽管我国创造了令世界瞩目的发展奇迹，尽管精神文明建设、各项文化事业取得了令人振奋的长足进步，但面对当今世界各种思想文化相互激荡，面对国家发展和人民生活改善对文化发展的要求，面对社会文化生活多样活跃的态势，推动全民族文明素质提高、用社会主义核心价值体系引领社会思潮、健全公共文化服务体系、发展文化产业、转变文化体制机制，文化领域的任务艰巨而紧迫。

在北京奥运会召开前的 2008 年 5 月，一部名叫《功夫熊猫》的美国动画电影风靡全球，取得了 6.3 亿美元的票房佳绩。许多中国人不禁在问，为什么坐拥丰富的文化资源，我们却拍不出这样的电影呢？其实，这折射出的就是文化大国与文化强国的巨大差距。2009 年，美国、日本、英国、德国和法国等 5 个国家的文化市场规模占全球 2/3 的份额，其中美国占 43%，日本占 10%，中国只占 4%。

文化是民族的血脉，是人民的精神家园。历史和现实表明，一个民族的觉醒，首先是文化上的觉醒；可以说，是否具有高度的文化自觉，不仅关系到文化自身的振兴和繁荣，也关系着一个民族、一个政党的前途命运。

2002 年 11 月，党的十六大作出"继续深化文化体制改革"的重要战略部署，并且明确地把文化建设区分为"文化事业"和"文化产业"两大部分，中国文化发展由此步入快车道。

胡锦涛说："当今时代，文化越来越成为民族凝聚力和创造力的重要源泉，越来越成为综合国力竞争的重要因素，丰富精神文化生活越来越成为我国人民的热切愿望。要坚持社会主义先进文化前进方向，兴起社会主义文化建设新高潮，激发全民族文化创造活力，提高国家文化软实力，使人民基本文化权益得到更好保障，使社会文化生活更加丰富多彩，使人民精神风貌更加昂扬向上。"

只有站在这样的历史高度，才能更全面地理解，伴随着经济的崛起，新世纪的中国必须有波澜壮阔的文化挺进；才能更清晰地把握，建设文化强国是我们的使命与担当。

2003 年，大型文献《儒藏》的编纂工作启动，预计历时 17 年、耗资 1.5 亿元，对儒家典籍文献进行最全面最系统的整理。

2004 年，中央提出实施马克思主义理论研究和建设工程，这是 21 世纪最重大、最基础、最具深远影响的思想理论建设工程。《马列主义经典著作选编》等一批书籍重磅推出，一个全方位、立体化研究、学习和传播中国特色社会主义理论体系的新格局逐步形成。

文化体制改革激发了经营性文化产业的巨大潜力，文化产业在国民经济中的比重不断增加，日益成为经济发展新的增长点。北京、广东、江苏、山东等省市的文化产业增加值超过千亿元。文化产品创作生产蓬勃发展，图书出版、电视剧生产、日报总发行量居世界第一，电影票房、电子出版物总量大幅跃升。中国电影票房从 2003 年的 11 亿元，增长到 2012 年的 170.73 亿元。

差距，是奋进的动力。经过几年的努力，到 2012 年，我国文化产业总产值突破 4 万亿元，文化产业逐步成为国民经济的支柱性产业。然而，对于普通市民而言，最看得见、摸得着的变化，是身边的博物馆、文化馆、纪念馆、美术馆纷纷免费开放。

2003 年至 2012 年，中央财政累计投入 580.11 亿元用于公共文化服务建设，年均增长 82.2%，是过去几十年的总和，覆盖城乡的基本公共文化服务体系已经建成。在农村，五大文化惠民重点工程，让读书看报、听戏看电影成为村民休闲生活中的首选。惠民工程实现了"全覆盖"。这三个字意味着：公共文化服务将触角延伸到了中国最偏远的村落。

2006 年 10 月，党的十六届六中全会首次明确提出社会主义核心价值体系这个科学命题，指出社会主义核心价值体系是建设和谐文化的根本。2007 年，党的十七大从中国特色社会主义经济、政治、文化、社会建设"四位一体"总体布局的高度，提出深化文化体制改革，兴起社会主义文化建设新高潮，推动社会主义文化大发展大繁荣。2011 年 10 月，党的十七届六中全会做出《中共中央关于深化文化体制改革推动社会主义文化大发展大繁荣若干重大问题的决定》，提出要坚持中国特色社会主义文化发展道路，努力建设社会主义文化强国。2012 年 11 月，党的十八大进一步强调，文化是民族的血脉，是人民的精神家园。要树立高度的文化自觉和文化自信，向着建设社会主义文化强国宏伟目标阔步前进。

专家观点 ⊙

文化自信是一个国家、一个民族、一个政党对自身文化价值的充分肯定，对自身文化生命力的坚定信念。进入新世纪新阶段，世界不同文化的交流、交融、交锋更加频繁。在这样的背景下，更加需要我们以理性、科学的态度，进行文化的反思、比较和展望，充分认识中国文化的独特优势和发展前景，进一步坚定我们的文化信念和文化追求。要做到文化自信，关键是不忘本来、吸收外来、着眼未来，文化自觉、文化自信最终的目的还是要实现文化自强。

——原中共中央文献研究室研究员王丛标

全球第一所以汉语国际推广为主要使命的孔子学院，于 2004 年 11 月 21 日在韩国首尔揭牌。截至 2012 年底，全球共有 108 个国家建立了 400 所孔子学院和 500 多个孔子课堂，注册学员达 65.5 万人。

2008 年北京奥运会、2010 年上海世博会和广州亚运会，谱写了东西方文明交汇的传奇。随着多种形式的"中国文化节"走进 50 多个国家，中华文化赢得了全世界的瞩目和敬意。

第四十七章
风雨高歌

2008年5月12日14时28分04秒，一场强烈的地震震惊了中国、震惊了世界。北纬31度，东经103.4度，四川汶川顷刻间成为一片瓦砾，上百万生命徘徊在生死的边缘。这是新中国成立以来破坏性最强、波及范围最广的一次地震。

胡锦涛立即作出指示："尽快抢救伤员，确保灾区人民群众生命安全。"震后仅仅两小时，温家宝就赶赴地震灾区，余震未消便在现场指挥抗震救灾工作。中共中央政治局常委会连夜召开，紧急部署……

历史将永远铭记这个数字。震后10天内，83988名同胞从废墟中获救，360多万名伤病员得到及时救治。中国特色社会主义要面对各种机遇和挑战，要经受各种严峻考验。令人震撼和难忘的2008年，大考一场接着一场，经历了坎坷与风雨，又见证了辉煌与光荣，这是极其不平凡的一年。

北川老县城在汶川地震中夷为平地。作为唯一异地重建的县城，北川新城的建设是灾后恢复重建的标志性工程。

2010年9月25日15时30分，一把挂着红花的巨大钥匙由山东省援建者交到北川人民手中。一个规划科学、路网纵横、民居整齐、生态优美、安全和谐的新家园，呈现在世人面前。

胡锦涛为这个新城取名为"永昌"，寓意新北川永远繁荣昌盛。

北川新生，是汶川地震后恢复重建奇迹的一个缩影。汶川地震后不久，党中央做出"建立对口支援机制，举全国之力，加快恢复重建"的重大决策。经过 3 年的顽强拼搏，在 13 万多平方公里的土地上完成城镇再造，修通的城乡公路可以绕地球一圈多，修建的居民住房达 657 万套（户），为近 2000 万的受灾群众重建家园。

突如其来的地震并没有打乱中国的脚步，地震发生 3 个月后，中国再次吸引了全世界的目光。2008 年 8 月 8 日傍晚，鸟巢华灯灿烂，流光溢彩，可容纳 9 万多人的体育场内座无虚席。在这里，举世瞩目的第 29 届北京奥林匹克运动会开幕式隆重举行。

此刻，全球有数十亿观众在收看开幕式。接下来约有 10500 名运动员参加奥运项目，中国运动健儿勇夺 51 枚金牌，共获得 100 枚奖牌，实现了从两位数到三位数的跨越。在奥运会闭幕式上，国际奥委会主席罗格赞扬北京奥运会"无与伦比"。

就在北京奥运会隆重举行、全国沉浸在一片欢庆之中的时候，一场来势凶猛的金融危机，正向中国袭来。这场危机的影响，远远超出了当时人们的预料。

2008 年 8 月，美国底特律市一座两层楼的住宅卖到了 1 美元，这比美国大城市中一斤大白菜还要便宜。

2007 年开始的美国次贷危机，到 2008 年已形成席卷全球的金融海啸。9 月 15 日，有着 158 年历史的美国第四大投资银行雷曼兄弟公司轰然倒下，金融海啸自华尔街开始席卷全球。世界经济面临着二战结束以来的首次负增长，很多国家危机重重，险象环生。

发达国家的经济困难使得我国出口增速大幅回落，月度统计甚至连续出现负增长；工业增加值如过山车一般急剧下滑。订单减少、工厂停产，许多工人失去工作，大批农民工不得不提前返乡。中国经济遭遇到改革开放以来罕见的巨大困难。

美国《时代周刊》当时预言"中国已经开始经济衰落，也许将比美国经济还要恶化""中国难以继续奇迹"，它"只是个身陷囹圄的大国"。《时代周刊》的预言会应验吗？面对这样艰难的局面，中国将交上一份怎样的答卷？

一年之前，在美国华尔街刚刚露出端倪的金融异动，已经引起了中央高度重视。2007 年 8 月，中南海怀仁堂，中共第十六届中央政治局进行第 43 次集体学习，题为"世界金融形势和深化我国金融体制改革"。

胡锦涛在讲话中强调要加强扩大开放条件下的金融风险防范工作，确保国家金融安全。这次集体学习的讲解人之一、国务院发展研究中心研究员巴曙松回忆道，中央决策层是以开阔的视野关注全球范围内经济金融体系的波动变化。

此后，在 12 月初召开的中央经济工作会议上，胡锦涛明确谈到美国次贷危机问题。时隔不久，他又在新进中央委员会委员、候补委员学习贯彻党的十七大精神研讨班上的讲话中，警醒全党，强调：我们必须有足够估计，做好最充分的准备。

2008 年，世界经济急转直下。7 月初开始，中央政治局常委们以及国务院领导同志纷赴各地调研。国务院连续召开多次经济形势座谈会和常务会议，讨论下半年的经济工作。11 月 5 日，国务院常务会议确定了进一步扩大内需、促进经济增长的 10 项措施。

"面对金融危机，我国及时调整了积极的财政政策，在保增长、调结构、惠民生上起到了重要的支撑作用。"

"在中央四万亿扩大内需的总投资中，基础设施的投资就占到了45%，不但对结构调整起到推动作用，也惠及百姓的生活。"

鼓励出口、加大投资、刺激消费。中国政府科学判断、果断决策，采取一系列重大举措，在全球率先实现经济平稳回升，积累了有效应对外部经济风险冲击、保持经济平稳、较快发展的重要经验。这是一次国家能力的总动员，涉及范围之广、政策力度之大、决策效率之高，前所未有。

将 2008 年金融危机之后近 7 个季度的 GDP 增幅连成一条曲线，是一个漂亮的"V"字。2009 年，中国对世界经济增长的贡献超过50%。美国《时代周刊》，这家当时怀疑中国能否应对危机的杂志，评价道：中国"几乎成为照耀全球经济信心的灯塔"。

国际金融危机对我国经济的冲击，表面上是对经济增长速度的冲击，实质上是对经济发展方式的冲击。2010 年 10 月，中共十七届五中全会通过《中央关于国民经济和社会发展十二五规划的建议》。"十二五"规划以科学发展为主题，以加快转变经济发展方式为主线，要求为全面建成小康社会打下具有决定性意义的基础。

专家观点 ◎

十七大以后的五年，以胡锦涛同志为总书记的党中央带领全国人民，紧紧抓住我国发展的重要战略机遇期，提出和贯彻了科学发展观，奋力把中国特色社会主义推进到新的发展阶段，巩固和发展了改革开放和社会主义现代化建设大局，在改革发展稳定、治党治国治军、内政外交国防等各方面取得了一系列新的历史性成就。

——中国社会科学院马克思主义研究院教授侯惠勤

2012 年 11 月，党的十八大召开。经过十年的发展和实践检验，十八大明确了科学发展观的历史地位，把科学发展观同马克思列宁主义、毛泽东思想、邓小平理论、"三个代表"重要思想一道，确立为党必须长期坚持的指导思想，实现了我党指导思想的又一次与时俱进。

专家观点 ⊙

　　这十年，我国国内生产总值增长 1.5 倍，经济总量由世界第六位跃升到第二位；我国工业增加值总额增长 3.1 倍，工业规模跃居世界第一位；我国进出口总额增长 4.9 倍，跃居世界第二位；粮食总产量增加 2800 多亿斤。我国新增就业人数超过 1 亿人，基本医疗保障覆盖到全国 95% 以上的人群，全面实现免费义务教育，城镇化率超过 50%，这些都是了不起的成就。可以说，这十年是我国发展的"黄金十年"。

　　　　　　——中国社会科学院马克思主义研究院教授侯惠勤

　　翻开十八大报告，人们发现有一句话出现了 7 次。这就是"中华民族伟大复兴"。"中华民族伟大复兴"这个梦想已经离我们越来越近。

第四十八章
复兴之梦

2011 年 3 月，中国国家博物馆改扩建工程全面竣工。在这个世界建筑面积最大的博物馆中，正在举办全面展示中华民族近代以来 170 多年历史的大型展览"复兴之路"。

鸦片战争以后，中华民族经历了一段由战败、屈辱和无数苦难构成的历史。有学者对此曾做出这样的描述："19 世纪强加给中国的一系列不平等条约、协定和治外法权条款，使人们清清楚楚地看到：不仅中国作为一个国家地位低下，而且中国人作为一个民族同样地位低下。"

对于一个曾经为世界文明和人类发展做出过巨大贡献的伟大民族来说，还有什么比家国沦丧、文明衰败更让人感到屈辱和心碎的呢？因此，实现中华民族伟大复兴就成为近代以来中华民族苦苦追寻的最大梦想。

从这深重的苦难中，中华民族拉开近代以来的复兴大幕。

2012 年 11 月 29 日，新当选的中共中央总书记、中央军委主席习近平和 6 位政治局常委一同参观"复兴之路"展览。参观结束后，习近平说："现在大家也在讨论中国梦，何谓中国梦？我以为实现中华民族的伟大复兴就是中华民族近代最伟大的中国梦。因为这个梦想它是凝聚和寄托了几代中国人的这样的一种夙愿，它体现了中华民族和中国人民的整体利益，它是每一个中华儿女的一种共同的期盼。"

有些普通词汇，因为不普通的时间和场合，就拥有了穿透历史和影响未来的力量。中国梦，从国家博物馆传遍中国乃至世界。中国梦占据了大量世界知名媒体的重要版面，为中国的未来做了一个巨大的形象广告。

在近代中国的历史长河中，一个又一个梦想推波拍浪，一个又一个梦想叩击时代。从容闳的"留洋梦"到康有为的"大同梦"，从梁启超的"启蒙梦"到施蛰存的"尊严梦"，从孙中山高喊"振兴中华"，到李大钊呼吁为"中华民族更生再造"而奋斗。

多少仁人志士留下"有心杀贼，无力回天"的悲愤，付出"春云碧血，秋雨黄花"的牺牲，发出"拼将十万头颅血，须把乾坤力挽回"的呐喊。是中国共产党团结带领中国人民完成了新民主主义革命和社会主义革命，走上了社会主义道路，不可逆转地改变了国家和民族的前途命运，迎来了中华民族伟大复兴的光明前景。

专家观点 ⊙

实现中华民族伟大复兴要完成两大历史性课题：一是求得民族独立和人民解放；二是实现国家繁荣富强和人民共同富裕。为了完成第一大历史性课题，我们从1840年鸦片战争算起到1949年中华人民共和国的成立，足足用了一百多年时间。为了完成第二大历史性课题，我们从1949年开始，如果到2050年能够基本实现现代化，那么也要用一百多年时间。现在到了很关键的时候。

——中共中央党校原副校长李君如

1960年5月27日，毛泽东在接见英国元帅蒙哥马利时说："在我国，要建设起强大的社会主义经济，我估计要花一百多年。"

1987 年 4 月 30 日，邓小平在会见西班牙工人社会党副总书记、政府副首相阿方索·格拉一行时，全面阐述了中国分三步走实现现代化的发展战略。

1997 年，党的十五大进一步提出了 21 世纪三步走的战略目标，人们称之为"新三步走战略"。接着又在党的十六大提出全面建设小康社会的任务。

2012 年，党的十八大对十六大、十七大提出的全面建设小康社会的目标和要求进行了充实和完善，强调要"确保到 2020 年实现全面建成小康社会宏伟目标"。

从新中国"站起来"，到改革开放"富起来"，再到 21 世纪"强起来"，实现中华民族伟大复兴的曙光现在已经清晰地展现在我们面前。一个让中华民族期盼已久的伟大梦想，将在几代中国人的努力下一步步由梦想变为现实。

2012 年 12 月，经过网民推荐、专家评审、网络票选三个阶段，"梦"被评为年度国内第一字。

有人说，一个国家处于上升期的标志之一，是这个国家开始打造她的"追梦"能力，她的国民开始自信地谈论自己的梦想。

时间倒退 80 年。1933 年，近代中国一份量有影响的综合性刊物《东方杂志》发起了全国性"征梦"活动，征求两个问题的答案：你梦想中的未来中国怎样？个人生活中有什么梦想？他们仅收到答案 160 余份。

2013 年 4 月，中央电视台、中国网络电视主办"出彩人生：中国梦·我的梦"，刚一推出，就得到海量的参与人数，丰富的个人梦想，热烈地讨论与回应。

40 多年的改革开放，中国实现了前人在书中畅想的奥运梦、世博梦、青藏铁路梦，圆了前人难以相信的飞天梦、潜海梦、航母梦。国家富强、民族振兴、人民幸福的中国梦，是国家的梦、民族的梦，也是每个中国人民的梦。在当今中国，人人都有追梦的权利，人人都有实现梦想的可能。人民群众对梦想的追求，为实现中国梦积蓄了实力。2010年，中国跃居为世界第二大经济体，中国的崛起已被国际媒体称为"近年来最重要的全球变革"。

现在，我们比历史上任何时期都更接近中华民族伟大复兴的目标。然而，恰如中国古语所说，"行百里者半九十"，越是接近目标，我们面临的风险和挑战就越多，越需要凝聚全国人民的智慧和力量共同奋斗。

当今中国，在社会主义市场经济条件下，社会生活发生了深刻变化，出现了社会经济成分、组织形式、就业方式、利益关系和分配方式多样化，价值观念、思想观念也出现了多样化。在实现民族复兴的关键阶段，如何求同存异，达成共识，如何"凝聚力量""攻坚克难"，是新一届中央领导集体面临的一个非常现实的问题。2013年3月17日，习近平在十二届全国人大一次会议上强调，实现中国梦，必须走中国道路，必须弘扬中国精神，必须凝聚中国力量。

习近平说："生活在我们伟大祖国和伟大时代的中国人民，共同享有人生出彩的机会，共同享有梦想成真的机会，共同享有同祖国和时代一起成长与进步的机会。"

专家观点 ⊙

中国梦这个概念具有丰富的内涵，它是凝聚中国历史、现实和未来的民族复兴之梦，是中国共产党人对这个国家、民族和人民承担起的自觉的责任。但它归根到底是人民的梦，这个概念可以把全体中华儿女、中国人民的创造性、积极性调动起来、凝聚起来。在世界人民面前，树立中国的新形象，从新的历史起点出发，继续推进中国特色社会主义事业发展，它也具有重大的战略意义。

——中共中央党校原副校长李君如

2013 年 6 月 7 日至 8 日，中华人民共和国主席习近平与美国总统奥巴马在美国加利福尼亚州安纳伯格庄园进行了会晤，这场备受世界瞩目的会晤，被称为"习奥会"。

习近平明确告诉奥巴马，中国将努力实现中华民族伟大复兴的中国梦，努力促进人类和平与发展的崇高事业。

中国梦，无疑是 2013 年春天最响亮的一个名词。在这个梦里，包含着丰富的历史内涵和 13 亿人民"人生出彩"的机会。在个人梦想和国家梦想的互动交融中，一个伟大的民族，已经可以眺望民族复兴的壮丽前景。党、国家和我们每一个生命个体，以什么样的精神状态迎接这样一个历史时刻，将决定我们中华民族未来的命运。

第四十九章
实干兴邦

2012 年 12 月，习近平来到中国改革开放的前沿阵地——深圳。这次富有深意的视察，表明了新一届中央领导人集体奋力推进改革开放和现代化建设取得新进展、实现新突破、迈上新台阶的决心。

习近平说："改革开放是决定当代中国命运的关键一招，也是决定实现'两个 100 年'奋斗目标、实现中华民族伟大复兴的关键一招。现在我国改革开放已经进入攻坚期和深水区，我们必须以更大的政治勇气和智慧，不失时机深化重要领域改革。"

习近平此举引起了海内外的广泛关注和热议。香港媒体报道，这是习近平任总书记后首次离京视察，深圳前海附近道路畅通如常，现场没有任何欢迎横幅，也没有列队迎送的环节。此前，中共中央政治局出台规定，要求领导干部调研要轻车简从，减少交通管制，一般不封路。看来，中央的高层是说到做到。

从淮海战役战场上一望无际的手推车，到安徽凤阳小岗村 18 个村民鲜红的手印，再到全国各地乡镇企业的异军突起，人民群众创造历史的作用一再被充分证明。正是因为得到了人民的拥护和支持，尊重人民的首创精神，激发出人民的无穷力量，中国共产党才在披荆斩棘的奋斗中，开辟出一条生机勃勃的复兴之路。今天，接过历史接力棒的新一届中央领导集体，在继续为实现中国梦而努力奋斗的征程中，紧紧依靠的永远是人民。

习近平说："我们的人民热爱生活，期盼有更好的教育、更稳定的工作、更满意的收入、更可靠的社会保障、更高水平的医疗卫生服务、更舒适的居住条件、更优美的环境，期盼孩子们能成长得更好、工作得更好、生活得更好。人民对美好生活的向往，就是我们的奋斗目标。"

时至今日，人们仍对习近平的"就职宣言"津津乐道。这位当过"大队支书"的中共领导者在与中外记者见面时，近20次提到"人民"、团结带领全党全国各族人民，接过历史的接力棒，继续为实现中华民族伟大复兴而努力奋斗。

专家观点 ⊙

习近平总书记的这些话，讲得非常实在。这就是老百姓所期望的，是他们的切身利益所在。我们讲执政为民，就是要实实在在地为人民谋利益。那么，从社会发展的角度讲，人的发展是目的，我们推动社会发展，最终还是为了人。社会发展的成果要体现在人民群众的根本利益的实现上，就像中共十八大报告里面所讲的那样，要让发展成果更多更公平地惠及全体人民。

——原中共中央编译局局长贾高建

今天，在我们离民族复兴的梦想前所未有地接近时，党、国家和人民以什么样的精神状态不懈奋斗，至关重要。

1992年，邓小平南方之行的火车抵达武昌火车站，停车的间隙，在站台散步的邓小平说："空谈误国，实干兴邦，不要再进行所谓的争论了。"

2012年12月，习近平在广东考察时说：全面建成小康社会要靠实干，基本实现现代化要靠实干，实现中华民族伟大复兴要靠实干。

2013 年 3 月 1 日，在中央党校建校 80 周年庆祝大会暨 2013 年春季学期开学典礼上，习近平进一步强调，"空谈误国，实干兴邦"，说的就是反对学习和工作中的"空对空"。战国赵括"纸上谈兵"、两晋学士"虚谈废务"的历史教训大家都要引以为戒。

在五一国际劳动节来临之际，他对全国劳动模范代表说，"空谈误国，实干兴邦"，实干首先就要脚踏实地劳动。幸福不会从天而降，梦想不会自动成真。实现我们的奋斗目标，开创我们的美好未来，必须紧紧依靠人民、始终为了人民，必须依靠辛勤劳动、诚实劳动、创造性劳动。

在五四青年节，他寄语广大青年牢记"空谈误国，实干兴邦"，立足本职、埋头苦干，从自身做起，从点滴做起，用勤劳的双手、一流的业绩成就属于自己的人生精彩。

"空谈误国，实干兴邦"，是警示，更是要求。

2013 年 5 月 10 日下午，北京市委市政府理论学习中心组学习扩大会，这次的主讲者不是领导，也不是专家，而是来自基层的普通百姓。请普通百姓为市领导宣讲，是要用这样的新形式，分享他们的梦想，在全市做出走群众路线、向群众学习的示范。

6 月 18 日，党的群众路线教育实践活动工作会议在北京召开，习近平对全党开展教育实践活动进行部署。他强调指出，开展党的群众路线教育实践活动，是实现党的十八大确定的奋斗目标的必然要求，此后，七位中央政治局常委分赴各个联系点，党的群众路线教育实践活动很快在全国开展开来。

专家观点 ⊙

中央决定在全党开展一次群众路线教育实践活动，这件事情意义非常重大。我们讲群众路线是我们党的生命线，也是我们根本的工作路线，因为它是体现着我们党的根本宗旨，就是我们说的全心全意为人民服务。同时，它也体现着我们根本的方法论，所以说它是我们事业成功的根本保证。目前这方面还是存在一些问题。中央指出的"四风"，就是典型表现。像形式主义、官僚主义、享乐主义、奢靡之风等，对我们党和群众的关系造成了很大的危害，必须下决心加以解决。新一届中央领导集体一上来就抓这件事情，应该说抓得非常对、非常必要。

——原中共中央编译局局长贾高建

一段时间以来，新一届中央领导集体通俗朴实的新鲜话语也被老百姓口口相传，成为网络和坊间广为传播的"热词""热语"："踏石留印、抓铁有痕""打铁还需自身硬""改革不停顿、开放不止步""改革贵在行动，喊破嗓子不如甩开膀子""改革就是要拿刀割自己的肉""把权力关进制度的笼子里""坚持'老虎''苍蝇'一起打""小康不小康，关键看老乡""行大道、民为本、利天下""要让人民过上好日子，政府就要过紧日子""穿百姓鞋，走百姓路"等。

道虽迩，不行不至；事虽小，不为不成。以苦干续写中国辉煌，用实干托起中国梦想，民族复兴的壮阔历程一定会在这一代人手里，开辟一个全新的境界。

道路决定命运。既不能走封闭僵化的老路，也不能走改旗易帜的邪路。只有不动摇、不懈怠、不折腾，毫不动摇坚持并持之以恒地不断拓展中国特色社会主义道路，中华民族的伟大复兴才能实现。

2013 年 6 月 11 日 17 时 38 分，中国第十艘神舟飞船顺利升空。

飞离地球、遨游太空，是每个地球人的梦想。然而，这个梦想，在中国人的心目中，表现得更加强烈。

对于飞天梦想的执着与追求，是我们雄心壮志与脚踏实地的完美结合！

那么，在中国特色社会主义发展日趋完善的基础之上。坚持社会主义道路又将迎接一个怎样的未来呢？

第五十章
必由之路

2012 年 1 月 25 日，瑞士东部小镇达沃斯迎来了罕见大雪，来自全球 100 多个国家和地区的 2600 余名精英在冬季达沃斯论坛会场坐而论道。作为全球经济一体化和自由市场理念的布道台，这届达沃斯论坛的主题让人感到有点惊讶，论坛首个公开辩论的议题就是："20 世纪的资本主义是否适合 21 世纪？"

此刻，世界经济正处于危机之时。

在这个世界经济的寒冬之中，中国已经在全球经济体中率先企稳回升，呈现出一片繁荣的景象。这种鲜明的对比似乎是一个意味深长的象征。

2004 年，乔舒亚·库珀·雷默，一位在英国外交政策研究中心任职的美国人，提出了一个引起广泛讨论的概念：北京共识。在大学里本来学习拉丁美洲经济的雷默，在了解中国的过程中，发现了中国与拉美不一样的发展模式。

1978 年改革开放以来的 30 多年里，中国经济每年平均增长速度接近 10%，经济规模增加了 20 多倍，已成为世界第二大经济体，最大的出口国，人均收入进入高中等收入国家行列。以这么高的速度，持续增长这么长的时间，在一个 13 亿人口的大国取得这样的成果，是人类历史上不曾有过的奇迹。

雷默认为，中国发展所形成的北京共识，其灵魂是不断创新、大胆实验、坚决捍卫国家利益，它已经取代了"华盛顿共识"。十几年来，西方的精英们认为只有市场自由与西方民主才能推动发展。以此为核心内容的"华盛顿共识"，被当作"灵丹妙药"四处推广。然而一些采取这种西方模式的发展中国家却党争纷起、社会动荡、人民流离失所，至今都难以稳定下来。中国的发展打破了西方的思维定式。

从 2004 年开始，北京共识、中国模式、中国道路等词语逐渐流行开来。尤其是在 2008 年世界金融危机之后，这些话题迅速升温。人们开始关注，中国为什么做出了这样的成绩？中国的经验有没有可借鉴性和模仿性？这对人类未来发展之路有哪些启迪？

日裔美籍学者、哈佛大学政治学博士弗兰西斯·福山，在苏联解体后，应景推出一部轰动世界的著作——《历史的终结及最后的人》。他在书中宣称：自由民主主义或许是人类思想进化的顶峰和最后选定的政治形式。后来，面对蒸蒸日上的中国，他修正了自己的观点。他说："中国模式的有效性证明，西方自由民主并非人类历史进化的终点。人类思想宝库要为中国传统留有一席之地。"

当西方把目光投向中国，分析中国为什么会取得成功的时候，他们有意无意地回避着一个词："社会主义"。实际上，所谓中国模式就是中国特色社会主义道路。100 年来，我们党紧紧依靠人民做成了三件大事，这就是新民主主义革命，社会主义革命、建设和改革开放。

这三件大事，从根本上改变了中国人民和中华民族的前途命运，不可逆转地结束了 1840 年以后中国内忧外患、积贫积弱的悲惨境遇，不可逆转地开启了当代中国沿着中国特色社会主义道路走向现代化、走向伟大复兴的历史进程。

中国特色社会主义兴起，同时也是 20 世纪 70 年代末以来世界社会主义运动中的重要历史现象。这一新的实践形式，令社会主义在中国焕发出蓬勃的生机和活力，也令世界社会主义进入新的发展阶段，展现出灿烂的曙光。

现在，以习近平同志为核心的中央领导集体，正团结带领全国各族人民，在新的历史起点上，为实现中华民族伟大复兴的中国梦而努力奋斗。

专家观点 ⊙

中国的近代历史充分说明，只有社会主义才能救中国，只有社会主义才能发展中国，这是一条必由之路。同时，历史还告诉我们，社会主义并不存在单一的模式和"标准形态"，每个国家都要结合实际，不断探索自己的道路。中国特色社会主义道路是从我们自己的改革开放的实践中走出来的，是被实践证明成功的，是被全中国人民拥护的。我们要有充分的道路自信、理论自信和制度自信，要咬定青山不放松，坚定不移地沿着这条道路继续前进，以更加奋发有为的精神状态，投入到中国特色社会主义事业中去。

——原中共中央文献研究室主任冷溶

理想的社会主义建立在生产力高度发达的资本主义基础上，而现实的社会主义却都是生产力比较落后的国家。世界上第一个社会主义国家诞生至今，也才不到100年，社会主义制度尚处于初级阶段，必须学会利用人类的一切优秀文明成果来建设社会主义。

列宁说：已经夺得政权的工人阶级，它给自己提出的任务是"把资本主义所积累的一切最丰富的、从历史的角度讲对我们是必然需要的全部文化、知识和技术，由资本主义的工具变成社会主义的工具"，"如果你们不能利用资产阶级世界留给我们的材料来建设大厦，你们也就根本建不成它，你们就不是共产党人，而是空谈家"。

170多年前，马克思、恩格斯在用唯物史观分析资本主义社会矛盾运动的基础上，宣告资本主义必然灭亡、社会主义必然胜利。他们一方面揭示了这个必然趋势；另一方面又告诫我们："无论哪一个社会形态，在它所能容纳的全部生产力发挥出来以前，是决不会灭亡的；而新的更高的生产关系，在它的物质存在条件在旧社会的胎胞里成熟以前，是决不会出现的。"这说明，社会主义代替资本主义是一个必然的历史趋势，又是一个漫长的历史过程。社会主义将长期与资本主义同时存在，相互竞争、相互影响。

专家观点◎

我们对社会主义的认识是一个逐步深化的过程。过去，我们对社会主义这一历史阶段的长期性认识不足，改革开放以后，我们提出社会主义初级阶段的理论，认识到仅仅这个阶段，就是几代、十几代的事情，我们共产党人不能忘记共产主义的远大目标，同时，一定要从今天的实际出发，把最高纲领和最低纲领结合起来，脚踏实地、一步一步地去奋斗，去实现我们的理想。

——原中共中央文献研究室主任冷溶

2013年1月5日，在新进中央委员会的委员、候补委员学习贯彻党的十八大精神研讨班上，习近平从6个时间段分析了社会主义思想从提出到当时的500年历史过程，包括空想社会主义产生和发展，马克思、恩格斯创立科学社会主义理论体系，列宁领导十月革命胜利并实践社会主义，苏联模式逐步形成，新中国成立后我们党对社会主义的探索和实践，我们党作出进行改革开放的历史性决策、开创和发展中国特色社会主义。习近平强调指出：中国特色社会主义是社会主义而不是其他什么主义，它用新的思想观点，继承和发展了马克思主义，开拓了马克思主义新境界，把对社会主义的认识提高到新的科学水平。随着中国特色社会主义不断发展，我们的制度必将越来越成熟，我国社会主义制度的优越性必将进一步显现，我们的道路必将越走越宽广。

道路关乎党的命脉，关乎国家前途、民族命运、人民幸福。在中国这样一个拥有悠久历史和文化的国家探索民族复兴道路，是极为不易的。100 年来，我们党紧紧依靠人民，把马克思主义基本原理同中国具体实际相结合，同中华优秀传统文化相结合。独立自主走自己的路，历经千辛万苦，付出各种代价，取得革命、建设、改革伟大胜利，开创和发展了中国特色社会主义，从根本上改变了中国人民和中华民族的前途命运。

在改革开放一以贯之的接力探索中，我们坚定不移高举中国特色社会主义伟大旗帜，既不走封闭僵化的老路，也不走改旗易帜的邪路。中国特色社会主义道路，中国特色社会主义理论体系，中国特色社会主义制度，是党和人民多年奋斗、创造、积累的根本成就，必须倍加珍惜、始终坚持、不断发展。

这是一条探索之路，这是一条幸福之路，这是一条圆梦之路，这是一条实现中华民族伟大复兴的必由之路！

第五十一章
非凡之力

任何一个民族都遭受过疫情给人类带来的灾难。

公元前 430 ~ 前 427 年，雅典发生鼠疫大流行，近 1/2 人口死亡，整个雅典几乎被摧毁。之后的"黑死病"等，无不给人类带来重创。偌大中国，每个朝代几乎都有瘟疫流行，家破人亡，白骨蔽野，是对流行瘟疫的真实写照。

2020 年春节前后，一场突如其来的新冠肺炎疫情，突袭了中华大地。这是百年来全球发生的最严重的传染病大流行，是新中国成立以来我国遭遇的传播速度最快、感染范围最广、防控难度最大的重大突发公共卫生事件。

针对突发的新冠肺炎疫情，中共中央高度重视，坚持把人民生命安全和身体健康放在第一位，第一时间提出"坚定信心、同舟共济、科学防治、精准施策"的总要求。根据中共中央部署，国家卫健委于 2020 年 1 月 1 日成立了疫情应对处置领导小组，1 月 18 日又派出以钟南山为组长的高级别专家组进行疫情研判。坐镇北京的习近平亲自指挥、亲自部署。1 月 22 日，习近平果断作出决定，要求立即对重点地区湖北省、武汉市人员流动和对外通道实行严格封闭的交通管控。1 月 23 日 10 时起，武汉全市公交、地铁、轮渡、长途客运暂停运营；机场、火车站离汉通道暂时关闭。

隔离之法，中国古代就有，据《汉书·平帝纪》记载，元始二年，"民疾疫者，舍空邸第，为置医药"。也有人认为隔离检疫法起源于意大利，1370 年在威尼斯首次制定以用来阻止黑死病的传播。

然而对于一个具有 1000 万人口、九省通衢的现代化大都市进行全面封闭式管理，史无前例。西方一些媒体对武汉封城这一举措说三道四，认为此举虽然在一定程度上起到限制病毒传播速度的作用，但造成的社会和经济成本是巨大的，尤其是会造成民众恐慌和医疗资源挤兑。但事实证明：此举不仅有效阻断了疫情传染源，延缓了流行高峰到来的时间，还为全面打赢新冠肺炎疫情总体战、阻击战提供了有利契机。习近平的这一决断，充分显示了他具有强烈的政治勇气和政治担当。当欧洲一些国家疫情严重时，纷纷效仿封城防控，进一步证实了封城决策是完全正确的。

1 月 24 日，大年除夕夜，经中央军委批准，解放军派出 3 支医疗队共 450 人今晚分别从上海、重庆、西安三地乘坐军机出发，于当晚 23 时 44 分全部抵达武汉机场。54 万名湖北省和武汉市医务人员同病毒短兵相接，率先打响了疫情防控遭遇战。其后，346 支国家医疗队、4 万多名医务人员毅然奔赴前线，很多人在万家团圆的除夕之夜踏上征程。广大医务人员白衣为甲、逆行出征，舍生忘死挽救生命。全国数百万名医务人员奋战在抗疫一线，给病毒肆虐的漫漫长夜带来了光明，生死救援情景感天动地！

要奋斗，就要有牺牲。在同凶恶疫情的博弈中，湖北、武汉多名本地医务工作者不幸以身殉职。84 岁高龄的钟南山院士临危受命，提前预警，被相关部门任命为科研攻关专家组组长；中央疫情防控指导组专家组成员、中国工程院院士、天津中医药大学校长张伯礼，提出抗疫的"中国方案"：通过中西医结合、中西药并用，应用于抗击疫情；身患渐冻症的张定宇同志说："我必须跑得更快，才能从病毒手里抢回更多病人。"陈薇率领军事医学专家组于 1 月 26 日紧急奔赴武汉，将疫苗研发实验室搬到了这片"没有硝烟的战场"最前沿。她说"除了胜利，别无选择！"正是广大医务人员用血肉之躯筑起阻击病毒的钢铁长城，挽救了一个又一个垂危生命，诠释了医者仁心和大爱无疆！

一方有难，八方支援。这是新中国成立以来形成的优良传统，也是社会主义制度的本质特征和显著优势。面对突如其来的严重疫情，中国人民风雨同舟、众志成城，构筑起疫情防控的坚固防线。我们举全国之力实施规模空前的生命大救援，用 10 多天时间先后建成火神山医院和雷神山医院、大规模改建 16 座方舱医院、迅速开辟 600 多个集中隔离点，19 个省区市对口帮扶除武汉以外的 16 个市州，最优秀的人员、最急需的资源、最先进的设备千里驰援，在最短时间内实现了医疗资源和物资供应从紧缺向动态平衡的跨越式提升。各行各业扛起责任，国有企业、公立医院勇挑重担，460 多万个基层党组织冲锋陷阵，400 多万名社区工作者在全国 65 万个城乡社区日夜值守，各类民营企业、民办医院、慈善机构、养老院、福利院等积极出力，全国人民都"为热干面加油"！大家都说："全中国等你痊愈，我们相约春天赏樱花。"

正是由于党中央统揽全局、果断决策，坚持人民至上、生命至上，以坚定果敢的勇气和坚忍不拔的决心，同时间赛跑、与病魔较量，迅速打响疫情防控的人民战争、总体战、阻击战，仅用 1 个多月的时间初步遏制疫情蔓延势头，用 2 个月左右的时间将本土每日新增病例控制在个位数以内，用 3 个月左右的时间取得武汉保卫战、湖北保卫战的决定性成果，夺取了全国抗疫斗争重大战略成果。

疫情无国界，中国始终同世界各国携手合作、共克时艰。2020年1月3日起，中方定期与世界卫生组织、有关国家和地区组织以及中国港澳台地区及时、主动通报疫情信息。1月12日，世界卫生组织宣布，中国已与其分享了新型冠状病毒的全基因组序列信息。与此同时，中国宣布向世界卫生组织提供两批共5000万美元现汇援助，向32个国家派出34支医疗专家组，向150个国家和4个国际组织提供283批抗疫援助，向200多个国家和地区提供和出口防疫物资。从2020年3月15日至9月6日，我国总计出口口罩1515亿只、防护服14亿件、护目镜2.3亿个、呼吸机20.9万台、检测试剂盒4.7亿人份、红外测温仪8014万件。截止到目前，中国已向100多个国家和地区提供疫苗援助，以实际行动彰显了中国推动构建人类命运共同体的真诚愿望！

2020年9月8日习近平在全国抗击新冠肺炎疫情表彰大会上的讲话中指出：抗疫斗争伟大实践再次证明，中国特色社会主义制度所具有的显著优势，是抵御风险挑战、提高国家治理效能的根本保证。衡量一个国家的制度是否成功、是否优越，一个重要方面就是看其在重大风险挑战面前，能不能号令四面、组织八方共同应对。我国社会主义制度具有非凡的组织动员能力、统筹协调能力、贯彻执行能力，能够充分发挥集中力量办大事、办难事、办急事的独特优势，这次抗疫斗争有力彰显了我国国家制度和国家治理体系的优越性。历史和现实都告诉我们，只要坚持和完善中国特色社会主义制度、推进国家治理体系和治理能力现代化，善于运用制度力量应对风险挑战冲击，我们就一定能够经受住一次次压力测试，不断化危为机、浴火重生。

专家观点 ⊙

疫情防控是对国家治理体系和治理能力的一种考验。中国抗击新冠肺炎疫情的斗争与成就，充分展现了中国共产党领导和中国特色社会主义制度的显著优势，充分展现了中国人民和中华民族的伟大力量，充分展现了中华文明的深厚底蕴，充分展现了中国负责任大国的自觉担当。中国抗疫精神必将对中国第二个百年奋斗目标产生积极而深远的影响。

——首都师范大学教授 李松林

2021 年 8 月 5 日，习近平向新冠疫苗合作国际论坛首次会议发表书面致辞，提出为新冠疫苗公平合理分配贡献中国力量。

第五十二章
全面小康

2013 年春节前夕。

山大沟深，道路陡峭，黄土飞扬，绕过九曲十八弯，习近平来到甘肃定西市渭源县元古堆村老党员马岗老人的家。一见面，习近平总书记便拉着马岗的手。马岗回忆说："总书记进到屋里，也没嫌干不干净就坐到炕上，和我拉起了家常。"缺水干旱是困扰当地脱贫的一大难题。习近平看到屋里的水缸，特意舀起一瓢水，一口喝下……第二天，总书记专程来到渭源县引洮供水工程工地考察工程建设情况，叮嘱当地和随行的有关国家部委负责同志，要让老百姓早日喝上干净甘甜的洮河水。

2014 年春节前夕，习近平冒着零下 30 多摄氏度的严寒，来到内蒙古兴安盟阿尔山市伊尔施镇，看望慰问 74 岁的困难林业职工郭永财一家。当年 6 月，郭永财一家告别了几十年的"板夹泥"房，搬进了敞亮的新楼房。在总书记的直接关心和推动下，棚改工作在全国各地扎实推进，短短几年时间，上亿居民"出棚进楼"，圆了安居梦。在脱贫攻坚伟大决战中，习近平以宽广历史视野和深厚人民情怀，勇担使命，掌舵领航，挂帅出征。多年来，他以不停歇的脚步丈量着最贫困的角落，访贫问苦的每个细节都融入"我将无我，不负人民"的使命情怀。

贫困是人类社会的顽疾。反贫困始终是古今中外治国安邦的一件大事。一部中国史，就是一部中华民族同贫困作斗争的历史。

中国共产党从成立之日起，就坚持把为中国人民谋幸福、为中华民族谋复兴作为初心使命。新中国成立之初，中国共产党带领人民开始向贫困宣战。改革开放以来，又开始有计划、有组织、大规模的扶贫开发。中共十三大第一次明确了小康社会的奋斗目标，中共十六大第一次明确提出全面建设小康社会。中共十八大以来，以习近平同志为核心的党中央引领亿万人民，以"一个都不能少"的铮铮誓言，以"不破楼兰终不还"的热血壮志，打赢脱贫攻坚战，实现历史性跨越，开启了向着更高目标进发的新征程。

2015 年，在精准扶贫精准脱贫工作会期间，中西部 22 个省区市党政主要负责同志在印有党徽的深红色脱贫攻坚责任书上签下名字。习近平总书记说："这就是你们给中央立下的军令状"。军令如山，无怨无悔。300 多万名驰援的第一书记、帮扶干部尽锐出战、不胜不归，思念故土的农民工党员、"能人"党员响应号召、返乡"参战"。

2017 年，中共十九大将"精准脱贫"列为对全面建成小康社会具有决定性意义的三大攻坚战之一，吹响了"决胜全面建成小康社会夺取新时代中国特色社会主义伟大胜利"的进军号角。2020 年，为有力应对新冠肺炎疫情和特大洪涝灾情带来的影响，党中央要求全党全国以更大的决心、更强的力度，做好"加试题"、打好收官战，信心百倍向着脱贫攻坚的最后胜利进军。

2021 年 2 月 25 日，习近平在全国脱贫攻坚总结表彰大会上庄严宣告：我国脱贫攻坚战取得了全面胜利，现行标准下 9899 万农村贫困人口全部脱贫，832 个贫困县全部摘帽，12.8 万个贫困村全部出列，区域性整体贫困得到解决，完成了消除绝对贫困的艰巨任务，创造了又一个彪炳史册的人间奇迹！

贫困地区发展步伐显著加快，经济实力不断增强，基础设施建设突飞猛进，社会事业长足进步，行路难、吃水难、用电难、通信难、上学难、就医难等问题得到历史性解决。义务教育阶段建档立卡贫困家庭辍学学生实现动态清零。具备条件的乡镇和建制村全部通硬化路、通客车、通邮路。新改建农村公路 110 万公里，新增铁路里程 3.5 万公里。贫困地区农网供电可靠率达到 99%，大电网覆盖范围内贫困村通动力电比例达到 100%，贫困村通光纤和 4G 比例均超过 98%。790 万户、2568 万贫困群众的危房得到改造，累计建成集中安置区 3.5 万个、安置住房 266 万套，960 多万人"挪穷窝"，摆脱了闭塞和落后，搬入了新家园。许多乡亲告别溜索桥、天堑变成了通途，告别苦咸水、喝上了清洁水，告别四面漏风的泥草屋、住上了宽敞明亮的砖瓦房。千百万贫困家庭的孩子享受到更公平的教育机会，孩子们告别了天天跋山涉水上学，实现了住学校、吃食堂。28 个人口较少民族全部整族脱贫，一些新中国成立后"一步跨千年"进入社会主义社会的"直过民族"，又实现了从贫穷落后到全面小康的第二次历史性跨越。所有深度贫困地区的最后堡垒被全部攻克。脱贫地区处处呈现山乡巨变、山河锦绣的时代画卷！

纵览古今、环顾全球，8 年，近 1 亿人脱贫，世界上再没有哪一个国家能在这么短的时间做得到。

2021 年 2 月 25 日，国家统计局公布"国家脱贫攻坚普查公报"：普查结果显示：贫困人口全面实现"两不愁三保障"。根据国家农村贫困监测调查，2020 年国家贫困县农村居民人均可支配收入 12588 元，党的十八大以来年均增长 11.6%，高于全国农村居民 2.3 个百分点。国家脱贫攻坚普查是新中国成立以来首次为解决贫困问题而开展的大型专项普查，是对脱贫攻坚成效的一次全面检验。

我们在解决困扰中华民族几千年的绝对贫困问题上取得了伟大历史性成就，创造了人类减贫史上的奇迹。世界银行前行长佐利克由衷赞叹："这是消除贫困的历史上最大的飞跃"。纳米比亚总统根哥布更说出了其为之振奋的关键："中国向世界表明，减贫是可以做到的！"斯里兰卡、缅甸、卢旺达、肯尼亚等国的一些政党指出，中国提出共建一个没有贫困、共同发展的人类命运共同体，彰显了对全球减贫事业的责任与担当。基于此，中国取得的减贫治理经验，也为全球减贫事业作出了重大贡献。

中国共产党领导的脱贫攻坚伟大斗争，不仅走出了一条中国特色社会主义的减贫道路，形成了中国特色反贫困理论。还锻造形成了"上下同心、尽锐出战、精准务实、开拓创新、攻坚克难、不负人民"的脱贫攻坚精神。

专家观点 ⊙

摆脱贫困、改善民生、实现共同富裕是社会主义的本质要求，是马克思主义的基本原理。在全面建设社会主义现代化国家新征程中，我们必须把促进全体人民共同富裕摆在更加重要的位置。脱贫攻坚战取得全面胜利的事实充分证明，中国共产党领导和我国社会主义制度是抵御风险挑战、聚力攻坚克难的根本保证。只要我们坚持党的领导、坚定走中国特色社会主义道路，就一定能够办成更多像脱贫攻坚这样的大事难事，不断从胜利走向新的胜利。

——北京市社科联研究员马忠良

第五十三章

新的时代

港珠澳大桥总工程师林鸣，要对大桥最终接头进行最后的检查。这是一个巨大的钢筋混凝土结构，重 6000 吨。林鸣要将它准确地插入 30 米深的海底，完成港珠澳大桥海底隧道的贯通。6000 吨的最终接头，重量相当于 22 架空客 A380。港珠澳大桥，全长 55 公里，由跨海桥梁和海底隧道组成，是目前世界上最长的跨海大桥。对于这个东方大国来说，这 55 公里连接的不仅仅是粤港澳三地，未来因它而形成的 5.6 万平方公里的区域，将是继东京湾区、纽约湾区、旧金山湾区之后，世界经济版图上又一个闪耀的经济增长极。这个超级工程，堪称世界桥梁建设史上的巅峰之作。2018 年 10 月 24 日，正式通车的港珠澳大桥，被业界誉为桥梁界的"珠穆朗玛峰"，也被英国《卫报》评为"新的世界七大奇迹"之一。

党的十八大以来全方位的、开创性的历史性成就和深层次、根本性的历史性变革，对党和国家事业发展产生重大而深远的影响，成功地将中国特色社会主义推进新时代。作为 21 世纪马克思主义的习近平新时代中国特色社会主义思想指引着中华民族新的长征。

中共十九大清晰擘画全面建成社会主义现代化强国的时间表、路线图。中共十九届五中全会《中共中央关于制定国民经济和社会发展第十四个五年规划和二〇三五年远景目标的建议》(以下简称《建议》）规划了我国的未来发展路径，开启了全面建设社会主义现代化的新征程。《建议》的核心要义是立足新发展阶段，贯彻新发展理念，构建新发展格局。习近平指出：进入新发展阶段明确了我国发展的历史方位。新发展阶段是社会主义初级阶段中的一个阶段，同时是其中经过几十年积累、站到了新的起点上的一个阶段。新发展阶段是我们党带领人民迎来从站起来、富起来到强起来历史性跨越的新阶段。

贯彻新发展理念明确了我国现代化建设的指导原则。新时代新阶段的发展必须贯彻新发展理念，必须是高质量发展。要完整、准确、全面贯彻新发展理念，就要坚持创新是引领高质量发展的第一动力，就要坚持以人民为中心的发展思想，就要坚持问题导向，增强忧患意识，坚持底线思维。

构建新发展格局明确了我国经济现代化的路径选择。大国经济的重要特征，就是必须实现内部可循环，并且提供巨大国内市场和供给能力，支撑并带动外循环。随着中国经济市场化的深化，生产体系内部循环不畅和供求脱节现象开始显现，加之西方主要国家民粹主义盛行、贸易保护主义抬头和疫情蔓延，"卡脖子"问题突出，全球产业链、供应链面临重大冲击，风险加大。根据国内外环境、条件变化，中共十九届五中全会决定"加快构建以国内大循环为主体、国内国际双循环相互促进的新发展格局"。习近平强调：中国提出构建以国内大循环为主体、国内国际双循环相互促进的新发展格局。这决不是封闭的国内循环，而是更加开放的国内国际双循环，不仅是中国自身发展需要，而且将更好造福各国人民。

放眼世界，面对新的挑战与风云变幻的国际格局，中国，该如何走向未来？习近平给出了明确答案："一个民族之所以伟大，根本就在于在任何困难和风险面前都从来不放弃、不退缩、不止步，百折不挠为自己的前途命运而奋斗。"要坚持用全面、辩证、长远的眼光分析当前经济形势，努力在危机中育新机、于变局中开新局"。

2020年11月15日，亚太地区15个成员国共同签署RCEP协定，使单边主义横行的大环境下展露出一线曙光。12月31日，中国与欧盟正式签订了中欧投资合作协定，标志着中国同欧盟迈入了新阶段。2021年2月9日，习近平在中国—中东欧国家领导人峰会上发表主旨讲话。这一切都显示出全球经济一体化仍然是大势所趋。

"大国重器"，牵涉国脉国运，关系民族盛衰。习近平说："重大科技创新成果是国之重器、国之利器"。对于"国之重器"，习近平在多次讲话中强调"必须牢牢掌握在自己手上，必须依靠自力更生、自主创新"。"近代以来，西方国家之所以能称雄世界，一个重要原因就是掌握了高端科技"。"从某种意义上说，科技实力决定着世界政治经济力量对比的变化，也决定着各国各民族的前途命运"。为了改变"落后就要挨打"的局面和打破西方帝国主义的核讹诈，中国人民勒紧裤腰带，终于在罗布泊的茫茫荒野上爆炸了第一个原子弹。以"可上九天揽月"的雄心壮志终于在1970年4月，将第一颗人造卫星送上太空，"东方红"乐曲响彻全球。改革开放以来，生产力和人的精神都获得了极大解放，大国重器也接踵而至：1981年，人工合成了完整的酵母丙氨酸转移核糖核酸，中国是世界上第一个人工合成的转移核糖核酸；世纪之交，我国自行研制的第一颗导航定位卫星——"北斗导航试验卫星"发射成功。2007年10月24日，我国第一颗绕月探测卫星——"嫦娥一号"发射成功，探月工程全面启动；2015年12月17日，我国首颗暗物质粒子探测卫星"悟空"成功发射升空，成为世界上迄今最精确的高能电子宇宙线能谱；2016年9月，具有我国自主知识产权、世界最大单口径、最灵敏的射电望远镜落成启用，被誉为"中国天眼"，成为射电望远镜领域的领先者；还有"蓝鲸2号""墨子号"量子通信卫星、C919大飞机、"蛟龙号"载人深潜器和探测火星的"天问一号"，等等。

党的十九届四中全会精辟总结了我国国家制度和国家治理体系具有多方面的显著优势，是我们坚定四个自信的基本依据。主要是：坚持党的集中统一领导，坚持党的科学理论，保持政治稳定，确保国家始终沿着社会主义方向前进的显著优势；坚持人民当家作主，发展人民民主，密切联系群众，紧紧依靠人民推动国家发展的显著优势；坚持全面依法治国，建设社会主义法治国家，切实保障社会公平正义和人民权利的显著优势；坚持全国一盘棋，调动各方面积极性，集中力量办大事的显著优势；坚持各民族一律平等，铸牢中华民族共同体意识，实现共同团结奋斗共同繁荣发展的显著优势；坚持公有制为主体、多种所有制经济共同发展和按劳分配为主体、多种分配方式并存，把社会主义制度和市场经济有机结合起来，不断解放和发展社会生产力的显著优势；坚持共同的理想信念、价值理念、道德观念，弘扬中华优秀传统文化、革命文化、社会主义先进文化，促进全体人民在思想上精神上紧紧团结在一起的显著优势；坚持以人民为中心的发展思想，不断保障和改善民生、增进人民福祉，走共同富裕道路的显著优势；坚持改革创新、与时俱进，善于自我完善、自我发展，使社会充满生机活力的显著优势；坚持德才兼备、选贤任能，聚天下英才而用之，培养造就更多更优秀人才的显著优势；坚持党指挥枪，确保人民军队绝对忠诚于党和人民，有力保障国家主权、安全、发展利益的显著优势；坚持"一国两制"，保持香港、澳门长期繁荣稳定，促进祖国和平统一的显著优势；坚持独立自主和对外开放相统一，积极参与全球治理，为构建人类命运共同体不断做出贡献的显著优势。这十三个方面的显著优势，是我们应对风险挑战的最大优势、最大的底气。

专家观点⊙

社会主义从空想到科学、从理论到实践500多年的历史告诉我们，社会主义是人类历史发展的必然趋势，是不以人的意志为转移的。中国共产党建党一百来，不断推进马克思主义中国化、时代化、大众化，在毛泽东思想、邓小平理论、"三个代表"重要思想、科学发展观、习近平新时代中国特色社会主义思想指引下从站起来、富起来走向强起来。进入全面建设社会主义现代化国家的新时代，既是社会主义初级阶段在我国发展的必然要求，也是我国社会主义从初级阶段向更高阶段迈进的新时代。

——北京大学教授 闫志民

党的十八大以来，以习近平同志为核心的党中央总揽中华民族伟大复兴全局和世界百年未有之大变局，统筹推进"五为一体"的总体布局和协调推进"四个全面"的战略布局，领导全国人民开创了我国现代化建设的新局面。在建党100周年之际，全面建成了惠及14亿人口的高标准的小康社会，实现了我国现代化建设第一个百年奋斗目标；成功开启了全面建设社会主义现代化国家的新征程，正在分两步走实现我国现代化建设的第二个百年的奋斗目标，到2050年把我国建成富强、民主、文明、和谐、美丽的社会主义现代化国家。

新时代中国特色社会主义取得的举世瞩目的辉煌成就，在中国和世界社会主义发展史上具有重大里程碑意义。它使所有中国人在历史上第一次完全摆脱了贫困，过上了梦寐以求的全面小康生活；它使中华民族伟大复兴展现出无比光明的美好前景；它在世界上高举起了中国特色社会主义的伟大旗帜，彰显科学社会主义的巨大优越性；它使中国和平崛起，日益走近世界舞台中央，为世界的和平、发展贡献中国方案和中国智慧，为落后国家走向现代化提供了新的选项，特别是中国提出的推动构建人类命运共同体的主张，得到世界各国的普遍赞赏和支持，产生了巨大的国际影响。

我们坚信：科学社会主义在中华大地波澜壮阔的长期生动实践，使明天的中国必将以现代化强国的雄伟身姿屹立在世界东方！